10 gritos contra la gordofobia

10 gritos contra la gordofobia

Magdalena Piñeyro

VERGARA

Primera edición: mayo de 2019

© 2019, Magdalena Piñeyro
© 2019, Arte Mapache, por las ilustraciones
© 2019, Penguin Random House Grupo Editorial, S. A. U.
Travessera de Gràcia, 47-49. 08021 Barcelona

Printed in Spain – Impreso en España

ISBN: 978-84-17664-24-4
Depósito legal: B-7.703-2019

Compuesto en Infillibres, S. L.

Impreso en Reinbook Serveis Gràfics, S. L.
Sabadell (Barcelona)

VE 6 4 2 4 4

Penguin
Random House
Grupo Editorial

Dedicado a mis abuelas,
quienes me enseñaron a cocinar
y a disfrutar de la comida

Y a ti,
que por algún motivo
tienes este libro en las manos

Índice

Tu silencio no te protegerá.

AUDRE LORDE

Introducción

Silencio

Estuve casi treinta años callada, habitando mi cuerpo llena de dolor. Pero en el camino de la vida me encontré con el activismo gordofeminista que me llevó a transformar el dolor en rabia y la rabia en grito. Una grita cuando no la escuchan, cuando está cabreada, cuando ya no puede más, cuando necesita romper el silencio con algo que sacuda. Este es el fin de estos 10 gritos que lanzo aquí contra la gordofobia y que tienen su germen en más de treinta años de experiencia de ser una mujer gorda discriminada por la sociedad gordófoba y misógina, así como en los seis años de activismo *online* y *offline* que llevo a cuestas.

Me parece importante reconocer, en este sentido, que casi nada de lo que digo me pertenece en realidad. Empecé mi activismo gordo participando en la fundación de Stop Gordofobia en el año 2013, y desde entonces han sido muchas las personas con las que he conversado, debatido, trabajado, intercambiado opiniones y compartido experiencias. Creo con firmeza que todo lo que piensa cada persona es y no es suyo a la vez, pues en el fondo todo pensamiento es producto de la interacción humana. Yo no sería quien soy ni escribiría lo que escribo si no estuvieran en mi vida las decenas de miles de personas que conforman la comunidad Stop Gordofobia en Facebook y Twitter, así como todas las amigas del activismo gordo y feminista que he ido cruzándome y a las que he conocido por este camino. Yo soy ellas, ellas soy yo, y todas forman parte de estos gritos de alguna manera. Incluso la sociedad gordófoba que los provoca y a quien arrojo toda mi rabia gorda.

Para terminar, me gustaría agregar cuatro cositas más: que este texto lo he escrito con rabia, pero también con muchísimo amor, y espero que se note; que puede que sea una montaña rusa de emociones, pero es consecuencia de un ejercicio de honestidad conmigo misma y mi experiencia corporal gorda; que está escrito sobre todo en femenino plural porque hago referencia a «las personas»; cuando hablo solo de mujeres o solo de hombres, lo especifico, y también cuando hablo de «personas no binarias», quienes usan la *e* como su vocal (por ejemplo, «gordes»); que este no pretende ser un texto cerrado, concluso ni perfecto, por lo que recibo quejas, críticas y aportaciones en <diezgri toscontralagordofobia@gmail.com>.

M. P.

Nacida en la periferia
corporal,
laboral,
patriarcal,
cultural,
capital,
global,
barrial,
sexual.

Nacida para gritar.

Grito n.º 1

¡Gorda no es un insulto!

¡A mí que me digan gorda!

KRUDAS CUBENSI

Pasé casi toda mi vida huyendo de la palabra GORDA. Casi no podía ni pronunciarla. Ni para referirme a mí ni para referirme a otras. «Gorda» era tabú. Me vi en más de una ocasión recorriendo un camino laberíntico de palabras que me permitiera evitar pronunciarla. Y sé que no soy la única a la que le ocurre o ha ocurrido esto.

Para visualizarlo mejor, pongámonos en situación. Imaginemos que ayer le hubieras presentado tres chicos a tu amiga Yaiza. Dos son flacos, uno es gordo. Pongamos que el gordo se llama Rayco. Hoy, charlando con tu amiga, Rayco sale en la conversación. Ella, que no recuerda los nombres de los chicos ni quién era quién, te pregunta:

—¿Cuál era Rayco?

Lo más probable es que tu respuesta sea algo parecido a esto:

—Rayco era el moreno, de pelo corto, que llevaba una camisa azul y negra con un dibujito pequeñito a la derecha que creo que era un pinito... ¡Rayco! Ese con un lunar grande en la mejilla derecha y una pulsera de hilo beis en la muñeca izquierda.

Sí, es más que probable que recorras un laberinto descriptivo de Rayco antes de resaltar su cualidad más importante, la que permitiría a Yaiza identificarlo enseguida: Rayco era el gordo.

Esto ocurre constantemente. Nadie nos nombra y no nos nombramos. Evitamos a toda costa utilizar las palabras gordo/gorda/gorde. Nos da terror emitirlas, como si su pronunciación fuera fuego saliendo de la boca de un dragón. ¿Por qué sucede esto? Simple, porque gordo / gorda / gorde se utilizan como insulto, por lo que usarlas para referirte a alguien se considera una falta de respeto. Pero ¿por qué se usan como insulto? Esta respuesta ya no es tan simple, aunque vamos a intentar darla.

Pensemos, por ejemplo, en otras palabras, que al igual que gorda/gordo/gorde son tabú y se usan como insulto:

torta, bollera, maricón, negro, puto, travelo, sudaca, mora, inmigrante, indio, gitana, mendigo, loca, subnormal... Y podría seguir, ¡la lista es bastante larga! Todos estos insultos tienen algo en común: señalan a personas a las que nuestra sociedad discrimina; en concreto, señalan la cualidad exacta por la que las discrimina.

Llegada a este punto, me toca hablar de opresión.

Opresión[1]

Tardé tiempo en identificar que todo lo que me sucedía a causa de mi cuerpo gordo estaba relacionado con una opresión que recae sobre la gente gorda. ¡Y eso que había leído y estudiado mucho sobre opresiones! Aun así, pensaba que lo mío era un complejo más como cualquier otro, hasta que me di cuenta de que no.

Pero vayamos poco a poco y empecemos por el principio.

Todas las personas somos distintas, pero es importante reflexionar sobre qué es lo que nos hace diferentes. Por ejemplo, yo soy gorda, migrante, tengo pecas y labios

1. Todo este apartado está basado en la teoría de la opresión de Iris Marion Young (Iris Marion Young, *La justicia y la política de la diferencia*, Madrid, Ediciones Cátedra, 2000).

gruesos. Me diferenciaré por esto de las personas delgadas, no migrantes, sin pecas y de labios finos. Es evidente que algunas de estas características son más importantes que otras. Tener pecas y labios gruesos no me supone ningún problema en mi vida cotidiana, nadie me discrimina por ello; sin embargo, por ser gorda y migrante, sí. Lo que quiero decir es que todos los seres humanos somos distintos, pero nuestras diferencias también lo son en la medida en que algunas de ellas nos colocan en una situación de desigualdad y de discriminación, y otras no.

En nuestras sociedades existen múltiples desigualdades. Algunos ejemplos son la desigualdad económica o de clase social, la desigualdad racial, la desigualdad de género, de orientación sexual, de capacidad... Es decir, no es lo mismo ser rico que pobre, ni blanca que negra, ni hombre que mujer, ni heterosexual que homosexual, ni ciega que no ciega. La cuestión no radica, pues, en que los seres humanos seamos diferentes, sino en que se establecen jerarquías entre determinadas diferencias que sitúan a unos humanos por encima de otros según sus características. Por otro lado, nada de esto sucede porque sí; no es una cuestión de azar, sino de cómo está diseñado el mundo para discriminar a unas personas y a otras no según sus cualidades físicas, psíquicas o identitarias.

Pongo un ejemplo concreto, el de la homofobia: esta

discriminación no existe porque homosexuales y heterosexuales sean diferentes entre sí, sino porque la diferencia entre ellos se basa en la jerarquía; es decir, se etiqueta una cualidad como inferior y la otra como superior, y una queda por encima de la otra. De esta manera, pasa a considerarse «normal» la heterosexualidad y «anormal» la homosexualidad (tan anormal que la Organización Mundial de la Salud la categorizó como una enfermedad hasta el año 1990).[2] Aquello que la sociedad considera «anormal» (también suelen utilizarse otros términos como «no común», «desviado», «enfermo», «antinatural») queda abocado a la discriminación, a la exclusión, a la humillación, a la falta de derechos e incluso a sufrir violencia (ser homosexual o transexual en determinados lugares del mundo puede llevarte a la cárcel o a la muerte). Por otro lado, como decía antes, nada de esto sucede por casualidad. El mundo está diseñado para que se discrimine a unas personas y a otras no, siempre en función de sus cualidades. Por buscar otro ejemplo, pensemos en la jerarquía establecida entre las distintas capacidades. Las ciudades carecen de lo indispensable para que las personas ciegas, sordas o en silla de ruedas se desplacen y vivan libremente, de forma autónoma: casi

2. Cada 17 de mayo se celebra el Día Internacional contra la Homofobia, Transfobia y Bifobia, debido a que el 17 de mayo de 1990 fue el día en que la Organización Mundial de la Salud eliminó la homosexualidad de su lista de enfermedades.

no hay semáforos sonoros para ciegas, no todos los edificios tienen accesos para sillas de ruedas, los servicios de urgencias suelen carecer de intérpretes para personas sordas, etc. La mayoría de las ciudades están diseñadas para que unas personas disfruten de ellas por completo y otras no. Las que disfrutamos de ellas lo hacemos porque las ciudades están diseñadas acorde a nuestras capacidades y no a las capacidades de todas, lo que implica que haya quienes encuentren limitaciones en cada esquina. Por todo lo explicado hasta ahora, podemos establecer que en nuestras sociedades existen, por un lado, «grupos privilegiados» o «grupos opresores» y, por otro, «grupos oprimidos».

Los grupos oprimidos, entonces, son aquellos cuyas características se consideran inferiores, mientras que los grupos privilegiados poseen características consideradas superiores. Dentro de los grupos privilegiados, algunos ejercen su privilegio de forma consciente, por ello podemos llamarlos «opresores». Llevando estos conceptos a nuestra cotidianidad, una persona heterosexual posee un privilegio social frente a la homosexual,[3] pero si esa persona heterosexual se dedica a dar palizas a homosexuales que se encuentra por la calle, está ejerciendo opresión. Lo mis-

3. Privilegio social en forma de derechos a casarse, a adoptar niñas, a vivir una vida libre de violencia, de estigma, de discriminación, de rechazo familiar, laboral, etc.

mo es visible en el caso del racismo: las personas blancas poseen privilegio social respecto a las personas negras, pero en los casos en los que se profieren insultos racistas, se apalea a inmigrantes o se deja morir africanas en el mar, estamos hablando de opresión directa. Aquí radica la diferencia entre poseer un privilegio y ejercer abiertamente una opresión. ¡Pero cuidado! Que una persona en situación de privilegio no ejerza una opresión no implica que no participe de ella: quienes poseen privilegios los poseen justo porque hay otro grupo que está oprimido y posibilita ese privilegio; la oprimida lleva a la privilegiada a hombros. Una no podría existir sin la otra: las personas blancas no tendrían privilegios si no estuvieran oprimidas las negras, las ricas no tendrían riquezas si no fuera porque hay otras que están condenadas a vivir en la pobreza y las personas en sillas de ruedas no encontrarían tantas limitaciones en las ciudades si no fuera porque el mundo no está diseñado ni por ni para ellas, sino por y para otras consideradas «funcionales» a esa ciudad.[4]

Los grupos oprimidos lo están porque, debido a la cualidad que los marca como diferentes, sufren toda una serie

---

4. Es importante hacer hincapié aquí en que el hecho de poseer un privilegio pero no ejercer abiertamente una opresión no implica una eliminación de responsabilidad: se posee un privilegio porque hay otra persona oprimida, y en tanto que se participa como privilegiada de una relación de opresión, tenemos la responsabilidad de hacer lo posible por romperla.

de limitaciones que no les permiten disfrutar de una vida plena y viven en una situación de desventaja, injusticia o exclusión. Las limitaciones, incluso, pueden llegar a implicar el ejercicio de la violencia física y el extremo de arrebatarles la vida. La opresión, que está integrada en las prácticas cotidianas de la sociedad y en sus costumbres, sucede todo el tiempo y en todos los espacios de la vida (política, cultura, trabajo, familia, etc.). Por eso se dice que es «estructural», porque forma parte de la columna vertebral de la sociedad. La teórica Elisa Fabello afirma: «La opresión nunca desaparece, porque dondequiera que vayas, todo lo que ves y todas las personas que conoces la reiteran y la refuerzan». La opresión existe solo porque las ideas que la sustentan son omnipresentes y estamos repitiéndolas y reforzándolas de continuo. No estamos frente a ideas aisladas de una persona o un grupo pequeño de personas, sino ante una opresión,[5] un conjunto de ideas estructuradas

---

5. Prefiero hablar de opresión y no de desigualdad. Cuando uso la palabra «desigualdad» siento que estoy hablando de algo que nace de la nada, como los arbustos. La palabra «opresión» tiene otro poder, tira a la diana del problema. Y es que la opresión es una maquinaria bien pensada y estructurada, que no deja de producir dolor, sufrimiento, exclusión y muerte. Es una máquina de discriminar y, a mi modo de ver, una manera de poner el ojo en la máquina es nombrarla abiertamente. Es decir, en lugar de «desigualdad de género», decir machismo; en lugar de «desigualdad racial», decir racismo; en lugar de «desigualdad de capacidades», decir capacitismo; en lugar de «discriminación de peso», hablar de gordofobia; en lugar de «discriminación por orientación sexual o identidad de género», hablar de homofobia y transfobia. Señalar la opresión, señalar lo que hay que combatir.

instauradas de pleno y enraizadas en nuestra sociedad, de las que además somos todas partícipes.

¿Dónde se reitera y refuerza la opresión? ¡Pues en todas partes! En las políticas públicas y en los diseños de arquitectos que no tienen en cuenta la diversidad funcional; en instituciones como la Organización Mundial de la Salud, que definió la homosexualidad y la transexualidad como enfermedades para curar o eliminar; en los libros de texto de los colegios, que aún diferencian entre trabajos de mujer y trabajos de hombre (como si tal cosa existiera); en el humorista que hace chistes tratando de delincuentes a negros y a gitanos; en los medios de comunicación que hablan mal de las inmigrantes; en las películas que se burlan de las gordas, etc. Toda la cultura, la política, la economía, las familias, los medios de comunicación, la sociedad al completo repiten y refuerzan sin cesar la discriminación de la diferencia o de las consideradas diferentes. Día a día, año a año, de generación en generación.

¡Ah, por cierto! Una de las maneras más comunes de reforzar la discriminación es utilizar como insulto la cualidad que diferencia al grupo oprimido... *Voilà!* Dime cómo insultas y te diré qué opresión ejerces; dime cómo te insultan y te diré qué opresión padeces.

Del insulto a la reafirmación

La compositora y poeta afroperuana Victoria Santa Cruz escribió un hermoso poema sobre la negritud titulado «Me gritaron negra». La primera vez que lo oí recitado no pude evitar llorar; me sacudió las entrañas. Sus líneas desdibujan el insulto que los racistas depositan en la palabra «negra» mientras ella va abrazándola, queriéndola y reclamándola como propia a través de unos versos que entretejen una absoluta reafirmación de su ser. A mi modo de ver, su poesía relata el empoderamiento que produce apropiarse del insulto o, quizá, cómo el empoderamiento nos permite querer y hacer nuestra esa cualidad que otros pretenden utilizar como insulto. En ocasiones, cuando releo el poema de Santa Cruz

Tenía siete años apenas.
¡Qué siete años!
¡No llegaba a cinco siquiera!
De pronto unas voces en la calle
me gritaron. ¡Negra!
¡Negra! ¡Negra! ¡Negra! ¡Negra! ¡Negra! ¡Negra!
¡Negra!
Y yo no sabía la triste verdad que aquello escondía.
¡Negra!

Y me sentí negra.

¡Negra!

Como ellos decían.

¡Negra!

Y retrocedí.

¡Negra!

[...]

Hasta que un día que retrocedía, retrocedía

y que iba a caer

¡Negra! ¡Negra! ¡Negra! ¡Negra!

¡Negra! ¡Negra! ¡Negra! ¡Negra!

¡Negra! ¡Negra! ¡Negra! ¡Negra!

¡Negra! ¡Negra! ¡Negra!

¿Y qué?

¡Negra!

Sí

¡Negra!

Soy

¡Negra!

juego a parafrasearlo desde la condición de mi diferencia, a adaptarlo a mi gordura:

Tenía siete años apenas.

¡Qué siete años!

¡No llegaba a cinco siquiera!
De pronto unas voces en la calle
me gritaron. ¡Gorda!
¡Gorda! ¡Gorda! ¡Gorda! ¡Gorda! ¡Gorda! ¡Gorda!
¡Gorda!
Y yo no sabía la triste verdad que aquello escondía.
¡Gorda!
Y me sentí gorda.
¡Gorda!
Como ellos decían.
¡Gorda!
Y retrocedí.
¡Gorda!
Hasta que un día que retrocedía, retrocedía
y que iba a caer
¡Gorda! ¡Gorda! ¡Gorda! ¡Gorda!
¡Gorda! ¡Gorda! ¡Gorda! ¡Gorda!
¡Gorda! ¡Gorda! ¡Gorda! ¡Gorda!
¡Gorda! ¡Gorda! ¡Gorda!
¿Y qué?
¡Gorda!
Sí
¡Gorda!
Soy
¡Gorda!

Solo es posible que «negra» sea un insulto en el marco de un mundo racista en tanto que a todas las personas no blancas se las ha considerado «diferentes» y desde la inferiorización de la diferencia, convertidas en insulto: negra, mora, india, gitana. Del mismo modo, las gordas estamos inmersas en una situación de opresión que posibilita que aquello que nos define, nuestra gordura, se emplee como insulto. Esta opresión se llama «gordofobia».

Gordofobia

La gordofobia es la discriminación a la que nos vemos sometidas las personas gordas por el hecho de serlo. Hablamos de humillación, invisibilización, maltrato, ridiculización, patologización, marginación, exclusión y hasta de ejercicio de violencia física ejercidos contra un grupo de personas por tener una determinada característica física: la gordura.[6] No nos adaptamos a la ampliamente aceptada norma de la delgadez.

Como veíamos antes, toda opresión es omnipresente: ocupa todos los espacios, todo el tiempo. La gordofobia,

6. Magdalena Piñeyro, *Stop Gordofobia y las panzas subversas*, Málaga, Zambra, 2016.

como opresión, expande sus tentáculos por todas partes también. Somos gordas en una sociedad gordófoba siempre, las veinticuatro horas del día, los siete días de la semana. En casa, en la calle, en el médico, en el trabajo, con todas las limitaciones que implica y con todo el peso de la discriminación cayéndonos encima. Nuestra cotidianidad está plagada de gordofobia. Podemos encontrarla en las tiendas de ropa que no tienen talla para gente gorda o, peor aún, que nos llama «tallas especiales» (¡uy!, ¡gracias por hacerme sentir especial, tiendita!). También en las películas cuyos personajes gordos son siempre los chistosos, los ridículos o los torpes, y donde nunca una gorda es protagonista de una historia de amor (ya lo dijo Rachel Wiley: «Existen obras en las que hay niños que vuelan y animales que cantan, pero al parecer nadie tiene la suficiente voluntad para creer que alguien está dispuesto a amar a una gorda»). En el entorno laboral, donde son numerosas las veces que no nos contratan por nuestro cuerpo y nos dicen que no damos con el «perfil» (¡discúlpeme usted! No sabía yo que conducir un coche, trabajar en una tienda, atender el teléfono en un *call center* o ser cajero del supermercado eran actividades reservadas solo para personas delgadas).[7] En el *bullying* o acoso gordo-

---

7. Ejemplos basados en hechos reales.

fóbico que sufrimos en el colegio y en el instituto (sí, el *bullying* no es algo neutro ni que suceda de la nada; por lo general, detrás de él se esconde gordofobia, misoginia, clasismo, capacitismo, racismo, homofobia o transfobia). En los medios de comunicación que publican noticias cuyos titulares pregonan perlas del tipo: «Cómo acabar con la obesidad» (*true story*, no sé si se dan cuenta, señores del periódico, pero «acabar con la obesidad» es «acabar con las gordas», y «acabar con las gordas» es acabar conmigo). En la cara de asco con la que me mira la gente cuando me como una hamburguesa en un espacio público (pero bueno, convengamos en que me miran con la misma cara de asco también si me como una ensalada, porque, en el fondo, el quid de la cuestión es que soy una gorda comiendo, y esto es en realidad lo que les da asco). Está en el tipo que asoma la cabeza del coche para gritarme «¡¡¡GORDAAAA!!!» (OK, caballero, veo que no tiene problemas de vista ni tampoco nada mejor que hacer con su vida que comentar el cuerpo de esta completa desconocida en la calle; muchas gracias por su apreciación y tome, ¡aquí tiene su pin por ser el rey de las obviedades!). En todas esas personas que nos recomiendan hacer ejercicio físico, pero luego se ríen de nosotras cuando vamos en bicicleta o patines, cuyos ojos nos recorren de arriba abajo cuando cruzamos el umbral de la puerta del gimnasio y nos lanzan esa mirada que encierra la pregunta: «¿Y tú qué haces aquí?» (prueba fehaciente de que su intención no es que hagamos ejercicio físico, sino que desaparezcamos de su vista o de la faz de la tierra). Cuando vas a la consulta del médico porque tienes una gripe o te diste en el dedo pequeño del pie con la mesilla de noche o resulta que te hiciste un piercing y se te ha infectado, pero sales de la consulta con una dieta en la mano y la recomendación de perder peso («Disculpe, señor doctor, ¿y para mi gripe?» «Ah, sí, ¡tome ibuprofeno!»). Está en esa chica a la que le encanto y le parezco genial pero no se acostaría conmigo porque soy gorda, en ese chico que es tu amante pero no quiere salir contigo porque pasa de presentarte a sus amigos y también en esas noches de fiesta y discoteca en las que nunca va a ligar ninguna gorda porque nadie nos invitó a jugar el juego del deseo (sí, yo no sé lo que es ligar una noche de fiesta, confieso; nunca me dejaron pertenecer a ese exclusivo club). La gordofobia está en los comentarios familiares, cada Navidad, sobre tu cuerpo y en la propuesta de cada Año Nuevo de empezar una nueva dieta... «A ver si este año tomas como propósito adelgazar un poco, ¿eh?» (quizá adelgace de familia, querida, y tú seas los primeros kilos que pierda). Está en los «eres guapa de cara» (¡gracias por decirme que el resto de mi cuerpo es una mierda!). En una tipa flaca que me dijo una vez que yo luchaba contra la gordofobia con el fin de tener la libertad de quedarme tirada en el sofá todo el día y poder hartarme a hamburguesas de McDonald's (¡di que sí, cari!, ¡me pillaste!, ¡justo esa es mi lucha!). En el tipo que me espetó que la gente gorda es la culpable del cambio climático porque no camina y así gasta más combustible (en esta ocasión explotó mi cerebro y me quedé sin palabras). Y ya me río. Me río por no llorar. Porque ya lloré lo suficiente. Pero la gordofobia está ahí, incrustada en nuestro día a día, señalando nuestra carne, buscando que esta desaparezca o, cuando menos, tenga una existencia incómoda y dolorosa.

Al final, el mensaje general es el siguiente: la gordura es fea, la gordura da asco, la gordura está mal, la gordura no debería existir. Y cuidado, que hablo de «gordura» y no de «gente gorda» a propósito, porque la gordofobia coloca por un lado la gordura (tener gordura o sobrepeso) y, por otro, el ser gordo o gorda, es decir, diferencia claramente entre el «estar» y el «ser». Para la sociedad gordófoba, nadie *es* gorda, sino que *está* gorda, lo que implica una situación que no es permanente, sino que está pendiente de cambio. De esta manera, las gordas no llegamos nunca a identificarnos como tales, no asumimos la realidad de nuestro cuerpo, nuestra identidad. Como nos dicen que nuestro cuerpo no está bien como está y nos inculcan no aceptarnos ni querernos, terminan condenándonos a vivir en la continua posibilidad de ser otra cosa, soñando con nuestra versión delgada, la cual, en teoría, es nuestra mejor versión, la correcta y la verdadera, y, en teoría de nuevo, está esperándonos en algún sitio.[8] Según la sociedad gordófoba, nuestro cuerpo gordo no es nuestro cuerpo, sino un mero tránsito.

El cuerpo-tránsito[9]

Hasta hace poco tiempo, mi último pensamiento antes de irme a dormir era qué iba a hacer al día siguiente para adelgazar. Cada año, mi deseo cuando soplaba las velitas de mi tarta de cumpleaños era «ser flaca y guapa, POR FAVOR». Cada verano, soñaba con bajar de peso y volver delgada al curso escolar del año siguiente y que todos en el insti alucinaran con mi cuerpo y mi belleza recién adquiridos. Pasé casi treinta años de mi vida soñando con ser

8. Este cuerpo-tránsito hacia una versión perfecta está relacionado con la idea de que todas las personas gordas tenemos la capacidad de adelgazar y modificar nuestro cuerpo. De esto hablo en el Grito n.º 4.
9. Concepto que emerge en debates con Lara Gil y Laura Fernández (miembros del colectivo Cuerpos Empoderados) en charlas sobre gordofobia, en Gasteiz, en el año 2016.

algo que no soy y nunca seré. Miro para atrás y me veo como ese conejito al que le cuelgan una zanahoria delante para que corra como si fuera a alcanzarla en algún momento, aunque desde el principio es una meta inalcanzable. Y, la verdad, esa zanahoria llamada «cuerpo ideal» solo sirvió para torturarme física y psicológicamente, día a día, desde que era una niña.

Vivir en el deseo de ser otra, en la perpetua posibilidad de habitar otro cuerpo, hace que no habites este que tienes, este que *eres*.[10] Te mantiene apartada de él, odiándolo, maltratándolo, como si él fuera un error, un enemigo, un suplicio por el que hay que pasar antes de llegar al paraíso de la delgadez. Esta desconexión de nuestro cuerpo es pura violencia y es el motivo por el que incluso yo misma podía utilizar la palabra «gorda» para insultarme, porque no creía que me lo estuviera diciendo a mí, sino a ese cuerpo que despreciaba y que no era yo en realidad. Así de macabro es el juego de la gordofobia.

10. Es muy común también tener un concepto errado del tamaño del propio cuerpo, mirar fotos antiguas y pensar: «¡Ah, pues era menos gorda de lo que creía!». La autopercepción está mediada por la desconexión corporal y ni siquiera sabemos realmente qué tamaño tiene nuestro cuerpo o cuánto ocupa. Una anécdota: cuando tenía unos diez años, fui de visita a casa de una parte de mi familia que vivía en el campo. Tenían caballos. Una prima mía me subió a uno para enseñarme a montar. Le pedí que me bajara. Pensaba que iba a aplastarlo con mi cuerpo. Tenía ocho años y no pesaba más de 45 kilos. Mi prima era más alta y grande que yo. Tenía unos dieciocho años, pesaría unos 70 kilos. Pero no pensaba que ella pudiera hacerle daño al caballo. Pensaba que solo mi cuerpo gordo podía hacérselo.

A veces, ser diferente causa dolor. Que nos discriminen puede impedirnos, en cierta medida, ser felices. Es normal que nos obsesionemos con no ser algo que esta sociedad aborrece (¿quién va a querer que la odien?). Y supongo que también es normal que la primera solución que se nos ocurra sea intentar huir del insulto y modificar aquello que nos convierte en diferentes, que sintamos culpa de ser como somos. Pero un día me di cuenta de que estaba poniendo el foco en el lado equivocado. El activismo gordo me demostró que no soy yo quien me sitúo en el campo del insulto, sino que es la sociedad en la que vivo, que alberga en su interior un sistema de opresión llamado «gordofobia», la que me lanza de lleno a ese lugar inhóspito. Yo me sentía culpable porque me discriminaran, responsable de cambiar para que la sociedad dejara de hacerlo. Pero resultó que la culpable era la gordofobia, no yo, y la que tenía que cambiar era la sociedad gordófoba, no yo.

Cuando por fin tomé consciencia de la opresión e inicié mis andanzas en el activismo gordo, comencé también el camino de la reconexión con mi cuerpo en el aquí y el ahora de lo que soy. Aún ando asumiendo que no soy ni seré nunca delgada, ni chiquita, ni frágil. Soy gorda, alta, grande, fuerte. Creo que la consigna es abrazar lo que nos define, lo que somos. Abrazar el insulto. Apropiarnos de él.

Hacerlo bandera. Que no nos insulte quien quiera, sino quien pueda. Y que no pueda nadie.

¡GORDA!

La actriz canaria Carmen Cabeza tiene un monólogo llamado *Soy gorda ¿y qué?*, que comienza de la forma siguiente:

—Hola. Yo tengo muchos secretos, pero hay uno que me tiene un poco preocupada, un secreto que llevo yo muy dentro. [*Silencio*] ¡SOY GORDA! [*Risas*] No me creen, ¿no?

Y se da una vuelta sobre sí misma para que todo el mundo la vea, mientras enseña la panza y toca sus voluptuosas carnes.

Carmen es gorda. Yo soy gorda. Pero todo el mundo actúa como si no lo fuéramos. Que somos gordas es un secreto a voces. Se nos nota, pero la gente hace como si no estuviera pasando. Me recuerdan a mí cuando me pongo las manos entreabiertas sobre los ojos en las escenas feas de las pelis de terror, o a los niños que ante los temores nocturnos se tapan con la sábana para protegerse del mal. No ocurre, no existe, lalalalala. Y nos niegan la palabra. GORDA. Esto no está pasando. GORDA.

Una noche fría, en la que yo dudaba si llevar o no una chaqueta abrigada a la fiesta de cumpleaños de una amiga flaca, ella me dijo: «No te preocupes; si refresca, yo te presto un abrigo». Las dos sabemos que un brazo mío tiene el tamaño de una pierna suya. ¿A qué estamos jugando, amiga? De nuevo, a hacer que no soy GORDA, que esto no está pasando.

Ha sido mucha la gente que ha reaccionado con sorpresa y rareza desde que comencé a autodenominarme GORDA en este camino de asumir mi gordura y reconectar con mi cuerpo. Cuando utilizo la palabra GORDA para referirme a mí misma, mis interlocutoras responden con nerviosismo, con silencios extraños o cambiando de tema con disimulo para evitar la incomodidad que les produce mi autorreferencia. Algunas me han preguntado: «¿Por qué te llamas de esa manera?». Otras me han invitado a no hacerlo. Otras han intentado «consolarme», como si ser gorda necesitara consuelo, diciéndome perlas como: «¡No eres gorda! ¡Tan solo tienes unos kilitos de más!». Y encima supondrán que debo darles las gracias, sin percatarse de lo insultante que resulta su intención de quitarme mi propia etiqueta, de evitarla, aun cuando yo misma la pronuncio con naturalidad.

Bueno, igual con esta naturalidad también hay que tener cuidado y respetar los procesos ajenos de apropiación del insulto. Debo confesar que alguna vez esta «naturalidad» con la palabra «gorda» me ha jugado malas pasadas. Resulta que en una ocasión, conversando con una chica gorda, solté con todo mi desparpajo un «nosotras, las gordas» haciendo referencia a ella y a mí, y la chica me lanzó una mirada fulminante que si las miradas mataran me habría mandado *ipso facto* al cementerio. La verdad es que en ese momento quise que me tragara la tierra y me escupiera en Siberia. Está tan arraigado que «gorda» es un insulto, que no a todas las gordas les sienta bien que de repente alguien las llame así. Puede que ella aún no hubiera seguido el proceso de abrazar el insulto, pero también que no estuviera de acuerdo con llamarse gorda; no lo sé, la verdad, pero mucha gente no entiende por qué insistimos en llamarnos así, y esto, por desgracia, también incluye a muchas personas gordas. Está claro que esta chica se sintió insultada por mí; de hecho, no son pocas las gordas que manifiestan estar en desacuerdo con que la lucha antigordofóbica pase por apropiarnos de esta palabra; dicen que mejor dejarla quietita y en silencio. Entonces, me pregunto yo, compas mías, si yo soy exactamente esta masa, este cuerpo grande ocupando espacio; si lo primero que ve todo el mundo (antes incluso que mi género) es esta inmensidad; si gorda es el adjetivo que define mi paso por el mundo, ¿cómo no va a ser mi lucha reclamar esta palabra como mía? ¿Cómo no va a ser mi meta que lo que soy deje de considerarse insulto, deje de utilizarse en mi contra, deje de ser una amenaza, un abismo?

¡GORDA!

Siempre le tuve pánico a esta palabra. Siempre sentí miedo de que me nombraran así, de que me asociaran a ella. Pero ¿cómo no iban a asociarme a ella? Es lo que soy, GORDA.

¡GORDA!

Ni rellenita, ni ancha de huesos, ni ancha de espaldas, ni gruesa, ni grande, ni mujerona, ni cachorrona, ni *curvy*, ni voluptuosa, ni pasadita de peso, ni entrada en carnes, ni con kilitos de más, ni fondoncilla, ni de buen ver, ni blandita, ni fofita, ni reventona, ni respuestita, ni fuertota, ni gordibuena, ni siquiera gordita. GORDA. Soy GORDA.

¡GORDA!

Estoy harta de que mi cuerpo gordo sea sinónimo de insulto, harta de que se use para humillarme, harta de que sea el campo donde siembren su odio y no donde florezca mi amor... ¡Harta de todo!

¡GORDA!

Quizá autodenominarnos gordos, gordas, gordes sea nuestra propia salida del armario.

¡GORDA!

¡Quiero, con un grito, romper el armario en pedacitos!

Así que ¡dame una G!, ¡dame una O!, ¡dame una R!, ¡dame una D!, ¡dame una A!

¡GORDA!

Monstruo

Semidiós,
Semiespectro,
Semiabyecto,
este cuerpo que grita
y reclama su lugar
desde el margen,

sobrevive
guerrero e invisible,
perdido y triunfante,
lleno de amor y de odio,
combatiendo la norma,
inmutable mutante

por el derecho más obvio
con el más simple estandarte:

que sonría y sea feliz
este corazón que late.

Grito n.º 2

¡Nuestra autoestima no es una cuestión de actitud!

Esa solución que lleva como nombre *amor propio* no se trata más que de otra forma de silenciar románticamente el maltrato desigual que experimentan algunos cuerpos más que otros.

NICOLÁS CUELLO

Mis complejos por ser gorda comenzaron desde muy pequeña, pero alcanzaron su punto álgido en la adolescencia. De sobra es sabido que esta etapa vital es muy compleja. Recuerdo que las respuestas que obtuve las pocas veces que logré hablar con mis amigas de mis complejos fueron del tipo «tú tienes que quererte igual», «la belleza está en el interior», «gustar es una cuestión de actitud». Tuve que llegar a los veintipico para descifrar el daño que me hicieron estas frases suyas (suyas y de una sociedad entera que no para de repetirlas por doquier). Primero, porque acentuar la belleza interior elimina el derecho a la belleza exterior («Lo esencial es invisible a los ojos», dijo el Principito; pero claro, él no era gordo). Segundo, porque sitúan la culpa de mis complejos en mí. Si todo es cuestión de actitud y de quererse, entonces la deducción obvia era que la causa de mis complejos estaba en mí, en que yo no estaba haciendo el esfuerzo suficiente por quererme ni tenía la actitud necesaria para ser bella, para gustar y gustarme, para ser feliz. Sus palabras me hacían entender que yo era la única responsable de mi infelicidad.

Este discurso es muy peligroso, pues pone el foco en la persona oprimida y no en la estructura de opresión. Tal como exponía en el Grito n.º 1, las personas gordas somos un grupo oprimido, al menos en las sociedades occidentales, y la opresión tiene entre todos sus efectos el de hundirnos la autoestima, pues opera desde la inferiorización de lo que somos. Por otra parte, también resaltaba en el grito anterior que a cada grupo oprimido le corresponde un grupo privilegiado. La opresión de la gente gorda tiene como correspondencia el privilegio de la gente delgada.[11]

11. Sobre el privilegio delgado escribe Elisa Fabello: «Nunca he entrado en una tienda de ropa en la que no haya podido encontrar artículos en mi ta-

Cuando gordas y delgadas no sabemos que formamos parte de esta relación de desigualdad, seguimos fomentándola y alimentándola sin intención y desde el desconocimiento. En este caso, lo hacían mis amigas delgadas culpándome de mi situación, de mis complejos y de tener la autoestima por el suelo, y yo asumiendo que ellas tenían razón en lo que me decían.

Responsabilizar al oprimido forma parte de las propias dinámicas de opresión y nos lleva al *statu quo*. La cosa funciona más o menos así: 1) quien posee el privilegio no lo ve (a veces se niega a verlo, otras le da igual tenerlo); 2) quien posee el privilegio le echa la culpa a la persona oprimida o al grupo oprimido de su propio sufrimiento, es decir, lo responsabiliza de su situación; 3) quienes están en situación de opresión, al asumir la culpa de su situación, buscan maneras individuales de ponerle solución, sin darse cuenta de que están tomando caminos que llevan a ninguna parte, pues el problema es social, no individual, y los problemas sociales solo tienen soluciones colectivas, nun-

---

maño. Nunca tuve que pagar más por un asiento de avión. Nunca nadie me ha rechazado como posible cita en función de mi cuerpo ni nunca nadie se burló abiertamente de mí mientras me miraba comer unas papas fritas en público. Nunca he experimentado que un médico me recete "¡pierda peso para sentirse bien!" como remedio a mis problemas. Y puedo abrir un artículo con mis medidas y sin temor a ser enjuiciada. Yo camino por este mundo como una persona delgada. Y, como tal, nunca he experimentado discriminación por ser gorda, nunca he experimentado la gordofobia». (Elisa Fabello, *Let's talk about thin privilege*, <everydayfeminism.com>, 2013.)

ca individuales; 4) ninguna de las partes divisa la relación de opresión, así que no mueven ni un dedo para subvertirla y TODO SIGUE IGUAL: ni la delgada intenta romper con su privilegio ni la gorda se rebela contra su opresión. Y mucho menos podemos esperar que se organicen para romper con el sistema de opresión llamado *gordofobia*. Este sigue intacto.

Nosotras

Una acción o intervención antigordofóbica que considero sencilla, pero muy potente e impactante, es la que consiste en dejar mensajes en los espejos de los baños públicos. Chicas anónimas les escriben a otras anónimas frases como «gorda no es un insulto», «tienes derecho a amar tu cuerpo» o «¡cuidado! Lo que estás viendo está mediado por estándares de belleza». Creo que es un lugar interesante donde dejar mensajes, pues los espejos son abismos de odio, desprecio y maltrato para muchas mujeres. Pero, además, me parece un acto de sororidad[12] recordarnos entre nosotras que cuando nos miramos al espejo no nos estamos viendo en realidad, sino que estamos mirándonos a

12. Hermanamiento entre mujeres.

través de los ojos de la propia sociedad, con los filtros que ella misma nos ha puesto: filtro de belleza, de peso, de color, de capacidad, etc.

Mi percepción de mí misma está mediada por lo que la sociedad considera aceptable y lo que no. Mi cuerpo no se ajusta al estándar delgado, por lo que durante mucho tiempo he sido incapaz de considerar mi cuerpo como algo válido y digno de afecto (ni propio, ni ajeno). Sin embargo, la sociedad me convenció de que mi autoestima baja se debía a mi falta de actitud, de que mis complejos eran mi responsabilidad. Me costó divisar el camino que me lleva a señalar la relación de opresión como la verdadera responsable, a identificar la gordofobia como la jardinera que sembró la semilla del odio en mi interior y la regó durante toda mi vida para que fuera creciendo sin parar hasta invadirme por completo y desbordarme, provocando una guerra contra mí misma que me hundía en una vorágine de autodesprecio, fustigamiento y culpabilidad, cuyas heridas aún estoy sanando.

Descubrir que la semilla de esa planta no había nacido conmigo, sino que había sido impuesta, y que yo no la había regado durante todos estos años, sino que lo había hecho una sociedad gordófoba que aborrece mi cuerpo, me llevó a situar al enemigo fuera y no dentro de mí. Esto me liberó de muchas cargas, pero tampoco fue la panacea ni un billete directo a un mundo multicolor de unicornios felices. El odio ya estaba sembrado, enraizado muy dentro de mí; sin embargo, estaba harta de él. Yo quería amarme. Pero ¿cómo siembro amor por un cuerpo que es ampliamente despreciado, que se utiliza como símbolo de «opulencia capitalista», al que se acusa de ser el causante del hambre en el mundo, que es la diana de insultos en la calle, en el centro educativo y en el centro de trabajo, que se representa como «el antes» del «después» perfecto; un cuerpo del que casi no hay referencias y las pocas que se encuentran están relacionadas con la torpeza, la vagancia, el ridículo o la muerte? Estaba claro que no iba a vencer todo esto y lograr mi cometido tan solo poniéndome frente a un espejo y repitiéndome mil veces «mequiero-mequiero-mequiero-mequiero-mequiero».

En este sentido, me parece importante resaltar una cuestión en torno a las campañas o el activismo *body positivity* (traducido del inglés como «positividad corporal»), las cuales se centran en lanzar mensajes (sobre todo visuales) de aceptación de los cuerpos, abogando por el derecho al amor propio de las personas gordas y de todas las que formamos la amplia gama de la diversidad corporal. Es indiscutible que es necesario difundir el derecho a amar nuestro cuerpo y encontrarnos con fotografías y vídeos con los que por fin sentirnos identificadas, pero esto no es suficiente, y se puede caer en el mismo discurso gordófobo del «¡Quiérete, es una cuestión de actitud!», que sitúa de nuevo en las personas gordas la culpa y la responsabilidad individual del amor, y no en el odio diario que padecemos por sistema.[13] Me repito más que el ajo, pero lo considero necesario: es muy difícil amarse en un mundo que te odia. Hay que señalar el odio. Adoro los lemas *Start a revolution: stop hating your body* (Empieza una revolución: deja de odiar tu cuerpo) o *Fall in love with your body* (Enamórate de tu cuerpo) que circulan por las redes, y me hace mucho bien leer los mensajes de amor a los muslos, las papadas y las barrigas. Pero no dejemos nunca de lado el contexto de la opresión. No olvidemos nunca que es muy complicado salir de un pozo profundo sola cuando tienes a toda una sociedad haciendo un gran esfuerzo por mantenerte ahí abajo.

El amor propio como concepto de construcción individual tiene la consistencia de un castillo de naipes, y día a día sopla el viento del odio que nos desarma con sus mensajes de condena. Una sola persona no puede acarrear el inmenso peso de ver belleza donde nos han convencido de que solo hay fealdad, de sentir placer donde todo el mundo siente asco, de querer destapar lo que le ordenaron man-

13. Nicolás Cuello, *El amor no es suficiente*, <http://cosecharoja.org/el-amor-no-es-suficiente/>, 2019.

tener escondido y amar aquello que, según la sociedad gordófoba, debe ser odiado.

Yo tengo días buenos y días malos, días en que me como el mundo y días en que el mundo me come a mí. Liberarse del odio interiorizado es un camino lento y, la verdad, no creo que el amor propio sea algo que yo pueda conquistar de una vez y para siempre. A mí el amor me visita de a ratos. Viene, se toma unos mates conmigo, me dice que quiere quedarse, pero que la gordofobia no lo deja, y se va con la promesa de volver, no sin antes recordarme dónde vive. El amor vive en el proyecto colectivo gordo de salir del pozo; en la rabia porque la sociedad gordófoba nos haya empujado, y empuje a diario, a ese pozo; habita el camino que está recorriendo la gente gorda del mundo (en grupos locales, pero conectada a nivel mundial) desde el preciso instante en que nos quitamos la culpa de encima, situamos el enemigo fuera de nosotras y decidimos emprender la lucha para romper las cadenas del odio. Un camino con una meta lejana, pero cuyo trayecto está siendo instructivo, transformador y sanador, y nos está permitiendo romper con el cuerpo-tránsito para reconectar con nuestro cuerpo, sus necesidades, sus dolores y sus alegrías en el hoy-ahora.

Ellas

Tengo la certeza de que en ningún momento mis amigas tuvieron la intención de hacerme daño con sus «Quiérete, todo es una cuestión de actitud»; es más, si les dijera ahora lo que provocaron esas frases en mí, estoy segura de que me pedirían perdón. Ellas solo intentaban animarme a salir del pozo. Lo sé, pero era una herramienta equivocada y tengo que señalarlo. Ustedes, amigas, compañeras, familia, ténganlo claro: TAMBIÉN SON RESPONSABLES DE MI AUTOESTIMA.

En el año 2016, en Zaragoza, en el marco de una charla sobre gordofobia, surgió un debate en torno a este asunto del «¡Quiérete!» que nos espetan con mucha soltura y facilidad a las oprimidas de autoestima baja. Urko García, escritor y activista trans, intervino con unas palabras que se me quedaron para siempre grabadas en el corazón: «¡Que dejen de decirnos "quiérete" y empiecen a decirnos "te quiero"!». Tan sencillo y tan impactante. Creo que la propuesta de Urko es la más linda manera de subvertir la lógica de la opresión, pues rompe con la dinámica de situar la culpa en el grupo oprimido para lanzar a las privilegiadas la responsabilidad de dejar de alimentar dicha lógica.

Aprender a querer a la gente gorda, querer a la gente gorda es una demostración material de que merecemos amor. Y este es el mejor mensaje que puede enviarnos la sociedad para que por fin empecemos a creérnoslo.

En resumen, y desde mi punto de vista, dos cuestiones son de vital importancia en la construcción de una buena autoestima gorda: 1) que quienes deseen ser aliadas anti-gordofóbicas tengan claro que a nosotras, para que nos queramos, también tienen que querernos; 2) que la autoestima de las personas oprimidas no es una cuestión individual, sino colectiva y estructural, por lo que a la par que difundimos y profesamos amor corporal es indispensable que nos organicemos y luchemos contra el sistema gordófobo y su discurso del odio.[14] Todas las acciones se retroalimentan, como una red compuesta por muchas lianas entretejidas que se sostienen unas a otras porque todas son imprescindibles para resistir.

De momento, nota mental:

La próxima vez que alguien diga que querernos es una cuestión de actitud, lo invito a armar un castillo de naipes con un ventilador encendido.

14. En esta organización y resistencia enredada profundizo más adelante, en el Grito n.º 9.

Autoestima

Mi autoestima es como una cueva
en la que a veces entra luz y otras viento.
Algunas veces estoy vacía y sola,
otras veces vienen amigas
con pan, vino y besos.

Duele afuera y acuna adentro,
la forman trozos de vidas de colores,
de voces, caricias y flores,
quebranto, risas y tiempo.

Firme ahora, frágil por momentos,
sigo construyendo mi refugio
buscando entre el odio, el amor
y entre el ruido, el silencio.

Mi autoestima,
cueva condenada al esperpento,
se va transformando en hogar,

pero lento.

Grito n.° 3

¡Nuestro cuerpo no da asco!
¡La sociedad da asco!

> Mi cuerpo es mi hogar.
>
> MARY LAMBERT

Uno de mis textos antigordofóbicos favoritos es el Manifiesto Gordx, de la activista chilena Constanza Álvarez. Aparece publicado en su libro *La Cerda Punk,* aunque yo lo oí recitado por primera vez en un cortometraje de posporno de la misma autora, en la que una voz en *off* recitaba el citado manifiesto mientras en la pantalla aparecían distintas partes del cuerpo de dos personas gordas en primeros y primerísimos planos. Eran pliegues, sus carnes moviéndose, sus michelines, su grasa, sus pieles brillosas. Lo encontré de casualidad en internet, cuando recién empezaba en esto y no tenía aún conciencia de mi opresión como gorda, y la primera vez que lo vi, confieso, me dio asco. Me da vergüenza decir esto, pero debo hacerlo y reconocerme a mí misma en mi herida. Sentí asco y me di cuenta de que, en realidad, tenía ese mismo sentimiento por mí misma. Este es el gran potencial del arte: puede producir placer, alegría, tristeza, miedo, puede abrazarte y también golpearte. En este caso, el corto de La Cerda Punk fue un más que merecido tortazo a mano abierta en toda la cara, que me gritó: ¡DESPIERTA, NIÑA![15]

¡Asco! ¡Sentía asco! Por esta piel suave que se eriza con la voz de Nina Simone; por este ombligo que es el rastro de mi madre en mí; por mis manos fuertes, que se parecen a las de mi abuela, que dedicó toda su vida a labrar la tierra; por mi espalda ancha, herencia genética de mi padre; por mi panza, esa que me tiembla de amor; por mi pecho, que sube y baja al ritmo del aire que me entra y sale por la boca en ese mágico acto que se llama respiración; por mis mofletes, que se hinchan cuando me río; por mis pies, que me han llevado al monte y al mar. ¿Por qué asco por mí?

15. También debo confesar que, con el tiempo, terminó pareciéndome el corto gordo más bello del mundo y lo vi cientos de veces, hasta que lo censuraron y desapareció de la web.

Bullying

El 10 de enero de 2017 llegó a mis manos una noticia terrible. Lucía, una chica murciana de trece años, se había suicidado debido al *bullying* que sufría en el colegio. La insultaban y acosaban por gorda.[16] Lloré muchísimo. No conocía a Lucía, pero su partida me llenó de rabia y de dolor. Es increíble cómo la mezquindad de esta sociedad gordófoba puede llegar al grado de terminar empujando a una niña a hacer algo así.

Pero, por desgracia, esta no es la única historia que tengo para contar.

En el año 2016, en una charla sobre gordofobia en Madrid, una de las asistentes relató su historia: un amigo suyo la había violado y, cuando se lo contó a sus padres, el comentario de su padre fue que al menos alguien se había fijado en ella. En julio del año 2014 se hizo viral la noticia de una chica a la que habían violado cuatro tipos en una discoteca de Argentina.[17] Como la denunciante era gorda, Twitter se llenó de comentarios gordófobos tales

16. <https://www.elespanol.com/reportajes/20180107/viviendo-sin-lucia-ultima-martir-bullying-espana/274722967_0.html>, <https://www.elmundo.es/sociedad/2017/01/16/587d08f146163f94548b466b.html>.
17. <https://www.clarin.com/crimenes/denuncia-violacion-boliche-balvanera_0_HJMEyXo5Dmx.html>, <https://tn.com.ar/policiales/violacion-en-el-boliche-el-testimonio-de-una-chica-que-estuvo-a-punto-de-vivir-lo-mismo_519944>.

como «La gorda violada en el boliche escucha reconstrucción del hecho y queda mojada», «A la gorda la violó un flaco rubio de ojos azules, ¿de qué se queja?», «Dejen de llamarla víctima a la gorda violada, ¡le hicieron un favor!».

En los Globos de Oro del año 2014, la actriz Gabourey Sibide, famosa por ser la protagonista del largometraje *Precious*, recibió todo tipo de mensajes gordófobos en Twitter a su paso por la alfombra roja; el más común era la comparación de su cuerpo con un globo.[18] En la entrega de los premios Goya de 2019, la actriz Itziar Castro fue blanco de burlas, también en las redes sociales, debido a su cuerpo gordo.[19] «En ocasiones veo tocino, mucho tocino» o «¿Desde cuándo se permite la entrada a animales en los Goya?» fueron algunos de los comentarios.

En Navidades del año 2018, una tuitera publicó la carta de su hermana a Papá Noel: «Que ya no me digan gorda en el colegio, por favor». La nota estaba acompañada de una carita que lloraba unos lagrimones enormes. Cuando se compartió en la página de Facebook de Stop Gordofobia, más de sesenta personas le dieron al botón de «me

18. <https://elpais.com/elpais/2014/01/16/gente/1389891149_011169.html>.
19. <https://www.elnortedecastilla.es/gente-estilo/actriz-itziar-castro-20190205112236-nt.html>.

divierte» y otras cuantas dejaron recomendaciones de adelgazamiento en los comentarios a pie de foto.[20] Cuando administré la cuenta de Twitter de Stop Gordofobia en 2014, uno de los primeros mensajes que recibí fue «Ojalá te mueras, GORDA».

Sociedad: ERES TÚ LA QUE DA ASCO.

Animalidad

Vaca, foca, mamut, ballena, morsa, sapa, rinoceronte, osa, hipopótama, elefante o cerda son algunos de los «insultos»[21] animalescos que me han llamado a lo largo de mi vida. La sociedad gordófoba no solo me inculcó el odio por mí misma; también logró que despreciara a los animales con los que me comparaban. Pienso ahora en una vaca tranquilita, caminando y pastando en un campo. ¿Qué culpa tendrá ella de que esta sociedad sea tan inmunda?

20. Me parece importante resaltar que, debido al gran alcance que tiene la página Stop Gordofobia, a sus publicaciones llega mucha gente gordófoba con el fin de acosarnos, humillarnos y desplegar su odio. Como es obvio, ninguna de las risas ni los comentarios a los que hago referencia pertenecen a seguidoras de la página.
21. Recordemos que los «insultos» vienen de inferiorizaciones y opresiones. En este caso, «especismo», que según la RAE es: 1. Discriminación de los animales por considerarlos especies interiores; 2. Creencia según la cual el ser humano es superior al resto de los animales y por ello puede utilizarlos en beneficio propio.

Escribe Lucrecia Masson en *Epistemología rumiante* (2017):

> Entiendo el cuerpo gordo como un cuerpo colonizado, un cuerpo visto como inferior para una cultura donde la delgadez se ha impuesto triunfante. Un cuerpo para el fracaso, para la desaparición; un cuerpo erróneo, errado. Pero, y siguiendo a Fanon, el colonizado se ríe cuando se descubre animal en palabras del colono. Entonces digo: soy la vaca. Busco en la animalidad mi propia enunciación. Soy un rumiante, y oso desafiar los límites que se han (im)puesto a mi cuerpo y mi humanidad.

Masson abraza el insulto «vaca» igual que abrazamos el insulto «gorda». Denuncia que la «animalización» es parte de la relación de opresión, y para mí tiene mucho sentido. Por poner un ejemplo, si alguien se queja de cómo le han tratado en determinado sitio aludiendo a «me trataron como un animal», en el fondo está diciendo que nuestra sociedad trata mal a los animales, y se deriva de ello que los humanos deberíamos recibir un trato mejor. La esclavitud tuvo como origen la animalización de las personas de América y África, y está íntimamente relacionada con el racismo, de ahí la cita a Fanon. En un mundo que considera que solo debe tratarse bien a los seres humanos (y ni siquiera a todos los humanos), considerar a las poblaciones de estos continentes «menos que humanos» permitió (y permite) maltratarlas y justificó la esclavitud. Vernos como menos que humanos es considerarnos animales. Incluso se utilizó, y se utiliza, el calificativo «salvajes» para referirse a nosotras las del Sur global. Quitar la «humanidad» para poner «animalidad» es la manera de quitar derechos y violentar. Porque la animalidad, en esta sociedad especista,[22] es maltratable.

En un contexto opresivo totalmente distinto, a las personas gordas nos insultan con nombres animalescos, considerándonos también menos que humanos. Por mi parte, mi meta no es que dejen de insultarme con nombres de animales, no creo que ser una hipopótama sea un insulto. ¡Las hipopótamas son hermosas! Lo que no quiero es que asumamos que los animales son inferiores y maltratables, y de ahí también nosotras, las animales consideradas menos que humanas. Lucrecia Masson dijo: «Yo soy la vaca». Yo digo: «Yo soy la hipopótama». Y tú, sociedad: DAS ASCO.

Opulencia

En el año 2009, el escultor danés Jens Galschiot hizo, como crítica a la Cumbre del Cambio Climático de Co-

---

22. Que practica «especismo».

penhague de ese mismo año, una escultura llamada *La supervivencia del más gordo*.[23] Consistía en un hombre negro esquelético, con el agua hasta el pecho, que llevaba a hombros a una enorme mujer gorda a quien el agua no le tocaba ni los pies, mientras sostenía un pequeñísimo símbolo de la justicia en la mano. Ella simbolizaba el mundo rico del norte y él la pobreza del sur. En la parte de abajo se podía leer la siguiente inscripción: «Estoy sentada sobre la espalda de un hombre que está deshecho por el sufrimiento. Yo haría cualquier cosa para ayudarlo, menos bajarme de sus hombros».

Es innegable la buena intención del escultor de señalar la hipocresía que se palpa en estas cumbres de países ricos reunidos para hablar del hambre en el mundo, del cambio climático o de las guerras, cuando luego no mueven ni un dedo por cambiar nada, menos aún si ese *movimiento de dedo* implica perder cuotas de riqueza, privilegio o comodidad. Sin embargo, ¿era necesaria esa representación de la riqueza como una gorda encima de un negro delgado para transmitir su mensaje? Respuesta simple y corta: NO.

Parece que de la gordofobia no se salvan ni quienes sueñan con salvar el mundo.

No sé qué manía tiene el mundo artístico de utilizar la

23. <https://www.abc.es/hemeroteca/historico-27-11-2009/abc/Internacional/la-hermana-fea-de-la-sirenita_1132207096472.html>.

gordura como símbolo de opulencia. La verdad, si pienso en gente rica y opulenta del siglo XXI, obtengo imágenes de futbolistas, actrices, modelos, cantantes, empresarios, banqueros y los políticos de esa Cumbre que Galschiot criticaba. Cristiano Ronaldo tiene en su cuerpo atlético mucha más opulencia que yo en mi cuerpo gordo. Me juego un brazo a que él gasta más dinero en gimnasios que yo en comida. Sin embargo, para la sociedad gordófoba él es guapo y yo no, así que la «mala» de la película, la «opulenta», soy yo y no él.

Sociedad: ¡DAS ASCO!

Decrepitud

Caminaba por la calle
y algo olía mal.
Pensaba que era yo.

Miré mis zapatos.
¡Nada!
Me olí los sobacos.
¡Nada!
La duda me acompañaba.

Me acerqué la camisa a la nariz.
¡Nada!
Luego la chaqueta.
¡Nada!
No lograba identificar el origen del olor.

¡Pensaba que era yo!

Me miré el pantalón.
¡Nada!

Revisé mi mochila.
¡Nada!
Limpié mis gafas.
¡Nada!
El hedor seguía ahí,
me acompañaba.

La calle estaba desierta,
nada que pudiera ser su causa
nada que lo emanara.

Seguí caminando unas cuadras
y a la vuelta de una esquina
me encontré con una amiga
que extendió los brazos
para darme un abrazo
y no pudo.

«¡Watafak!», gritamos las dos a la vez.

Una especie de nebulosa, casi invisible, me envolvía.
Olorosa.
Decrépita.
Hediendo a rancio.
Partículas de mezquindad,

desprecios
y odios semicompactos.

Yo caminaba por la calle
apartada del mundo,
acordonada por el asco.

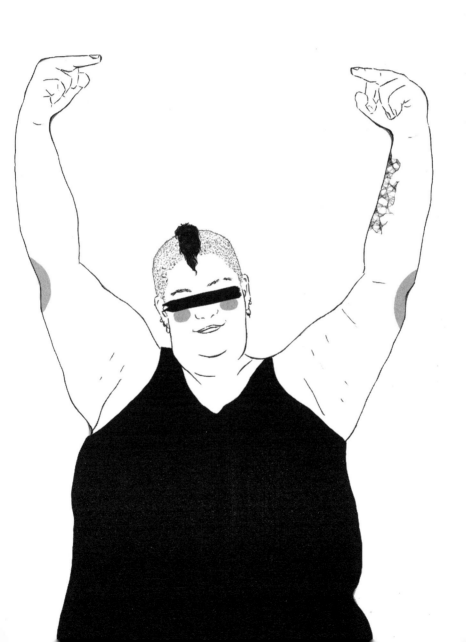

Grito n.° 4

¡La salud es solo una excusa!

Cuando habláis de enfermedad, nos usáis
y reafirmáis vuestra moral.

Ballenas Asesinas

Creo que si tuviera que elegir el mejor mensaje que me han dedicado a lo largo de todos estos años de activismo gordo en redes sociales elegiría un tuit en el que una tipa me decía: «¡Gorda! ¡Te vas a morir!». Mi respuesta, obviamente, fue: «¡Tú también!». La verdad es que mi animal mitológico favorito son las flacas gordófobas inmortales.

Pero mi activismo no se reduce a internet y a estos gloriosos cibermomentos. También ha consistido en charlas y talleres sobre gordofobia, con sus buenas y malas experiencias. Las malas, la mayoría, giran en torno a este tema recurrente: la salud. Llevo más de cinco años en esto, más de ciento cincuenta actividades organizadas y treinta entrevistas respondidas a medios de comunicación, y no hay una sola vez en la que no me hayan preguntado por la salud de la gente gorda. «¿Y la salud?», es la pregunta que más escuchamos quienes nos dedicamos a esto del activismo gordo. Una pregunta absurda y tramposa que desde hace cierto tiempo se me ha convertido en un grano en el ojo.

Absurda porque nos la hacen como si el hecho de estar sana o enferma influyera en algo de lo que denunciamos respecto al trato que da la sociedad a la gente gorda; como si existiera alguna circunstancia o contexto donde la gordofobia pudiera estar justificada; como si existiera un único tipo de salud en la gente gorda; como si fuéramos un grupo homogéneo; como si todos los cuerpos gordos fueran iguales y no existieran millones de cuerpos gordos diversos, de diferentes realidades, contextos, orígenes, salud, posibilidades, etc.

Tramposa porque, seamos honestas: 1) la pregunta por la salud no es una pregunta sincera, hecha de corazón, sino pura hipocresía; 2) es un agujero negro donde se esconde y difumina la evidente gordofobia de quien pregunta.

Hipocresía

Un bellísimo mensaje que recibí mientras trabajaba como administradora de la plataforma Stop Gordofobia en Twitter fue el siguiente: «Adelgaza, puta gorda asquerosa de mierda. ¡Es por tu salud!».

¿En serio le preocupa mi salud? Experimentar gordofobia ha llevado a mucha gente por los derroteros de la autodestrucción, la baja autoestima, a sufrir ansiedad, fobia social, depresión, agorafobia y otras circunstancias mentales de este tipo. Son miles los testimonios que dan cuenta de ello en Stop Gordofobia y otros portales que se han dedicado a denunciar estos casos. También nos encontramos con testimonios de chicas que han caído en los llamados «trastornos de conducta alimenticia», como la bulimia o la anorexia, desde muy pequeñas, debido al *bullying* gordofóbico al que las sometían en el colegio o el instituto. Otras personas han relatado haber sido blanco de ataques gordófobos familiares y en el espacio público cuando subieron de peso debido a tratamientos médicos con antidepresivos, ansiolíticos, quimioterapia y otros tantos que contienen corticoides (sustancia con tendencia a hinchar el cuerpo). Recuerdo, en concreto, la historia de una chica que, cuando logró por fin salir de la bulimia, subió algo de peso y un familiar suyo le advirtió:

«¡Cuidado! ¡No te pases con los kilos!». Estaba saliendo de la bulimia, pero, ¡eh!, para este señor era más importante el peso.

¿En serio les preocupa nuestra salud?

En el documental *Fat Underground* (Marge Dean, 1979) se abordan casos de mala praxis médica en Estados Unidos, uno de los cuales tuvo como consecuencia la muerte de una mujer gorda. En octubre de 2017 se difundió en varios medios de comunicación la noticia de que una mujer malagueña había dado a luz a gemelas sin saber que estaba embarazada, pues resulta que, a pesar de haber asistido a la consulta médica en varias ocasiones debido a dolores abdominales y ausencia de menstruación durante meses, ningún facultativo la había examinado ni hecho pruebas: en todas las visitas los médicos responsabilizaron de todo a su gordura y nadie se percató de que lo que ocurría era que estaba embarazada.[24] A Stop Gordofobia llegaron otros casos. Una chica fue al médico porque se asfixiaba y este le dijo que eso le sucedía porque estaba gorda, le ordenó hacer dieta y deporte para solucionarlo. La chica obedeció ambos mandatos, pero se asfixiaba cada vez

24. <https://sevilla.abc.es/andalucia/malaga/sevi-mujer-obesa-tras-ge melas-sin-detectara-embarazo-201710261548_noticia.html>, <https://www. antena3.com/noticias/sociedad/una-mujer-da-luz-a-gemelas_2017102659f1f 5c70cf271acab963159.html>, <http://www.canalsur.es/da-a-luz-a-gemelas-sin-saber-que-estaba-embarazada/1217322.html>.

más haciendo deporte. Al tiempo le diagnosticaron asma. Como, desde un principio, el médico no la había examinado, no se había dado cuenta. Otra mujer nos contó que tenía un dolor muy fuerte en la pierna y cojeaba. Le dijeron que todo era culpa de su gordura, que hiciera dieta y fuera a natación o yoga. Tardaron más de diez años en mirar más allá de su peso, examinarla de verdad y dar con el diagnóstico correcto: necrosis en el fémur. Otra señora fue a consulta por dolor abdominal y lo mismo, nada de exámenes y orden de hacer dieta. Tenía un tumor en el útero. Otra fue por un dolor muy fuerte en el costado derecho, cerca del hígado. El *modus operandi* del médico de turno fue el mismo: dieta. Tenía piedras en la vesícula. A ambas tardaron varios años también en proporcionarles un diagnóstico correcto. La primera falleció y su historia nos la contó su hermana. La última me dijo que casi la matan, que era un milagro que su historia estuviera relatándomela ella. Negligencias médicas por doquier. Y es que la gordura, o la «obesidad», como la llaman ellos, se ha convertido en diagnóstico[25] y son muchos los médicos que echan la culpa a la gordura de todo lo que nos ocurre a las gordas, cuando

---

25. Dentro del activismo gordo no usamos la palabra «obesidad» porque nos patologiza, nos trata de enfermas. En cualquier caso, la obesidad, según la OMS, no es una enfermedad, sino un factor de riesgo, por lo que los médicos no pueden diagnosticarnos con ella. Es un error, <https://www.who.int/topics/obesity/es/>.

no se niegan a atendernos (que de esto también hay numerosas denuncias) poniendo en riesgo real nuestra salud. No solo porque salgamos del consultorio médico con una dieta, sin un análisis médico serio o con un diagnóstico errado que nos obliga a volver a insistir mil veces, sino también porque los prejuicios de los médicos y su negativa a escucharnos y examinarnos como lo harían con una persona delgada llevan a mucha gente a desistir de consultarlos por agotamiento, miedo, fobia, decepción o vergüenza, aun cuando notan síntomas por los que debieran hacerlo. No ir al médico ante la primera alerta puede retrasar el diagnóstico de algo grave y, por tanto, el inicio de la curación; que no vean más allá de nuestro peso, también.

¿En serio les preocupa nuestra salud?

Me pregunto por qué se obsesionan con mi peso y, sin embargo, nadie me pregunta por la última vez que me hice una mamografía, una citología vaginal o una revisión ginecológica completa.[26] Tampoco les preocupa cómo llevo el estrés que me produce mi trabajo;[27] cómo voy con mi trauma migrante;[28] por qué tengo manchas blancas en

---

26. Las ginecólogas suelen recomendar una revisión anual.
27. «Se considera que el estrés laboral afecta negativamente a la salud psicológica y física de los trabajadores», OMS, <https://www.who.int/oc cupational_health/publications/stress/es/>.
28. Para más información, leer sobre el síndrome de Ulises.

la piel,[29] si me protejo del sol cada vez que voy a la playa,[30] o qué tal gestiono la ansiedad ahora que he dejado de fumar.[31]

¿En serio les preocupa mi salud?

Hace unos cuantos años pasé por una depresión. Bajé unos quince kilos. Estaba destruida por dentro, pero muchas personas me felicitaron por haber bajado de peso. ¿En serio les preocupaba mi salud?

Agujero negro

La verdad es que no tengo ni idea de astrofísica, pero la imagen que tengo de un agujero negro es la de un espacio con una fuerza tan grande que es capaz de atraerlo todo hacia él y absorberlo hasta hacerlo desaparecer. Para mí, con la gordofobia y la pregunta sobre la salud sucede justo esto.

Pongamos que, en una reunión de amigas, entre charla y charla, yo expongo que las personas gordas no debería-

29. Tengo vitíligo, al parecer, desencadenado por el estrés laboral.
30. La gente le tiene poco miedo al sol y se expone a él a horas indebidas, por lo que puede sufrir todo tipo de problemas en la piel, hasta cáncer. Pero a nadie parece preocuparle si lo que se obtiene es un moreno de piel sexy.
31. La ansiedad forma parte de los efectos de dejar de fumar, del llamado «síndrome de abstinencia».

mos ser discriminadas y un sujeto que está en la sala me lanza la pregunta: «Pero ¿y la salud?». Entonces, esta pregunta por la salud, ¡GLU, GLU, GLU, GLU!, se chupa y esconde toda la gordofobia del señor, que está esquivando con la dichosa pregunta mi reclamo de que a las personas gordas no deberían discriminarnos. Parece así que el buen samaritano no es gordófobo, ¡él está preocupado por la salud de toda la gente gorda del mundo mundial! (nótese la ironía). La cosa es así: si yo denuncio la gordofobia y alguien intenta hacerme callar o salirse por la tangente con la pregunta de la salud, ¡atención!: es gordofobia.

Vamos a ver. Mi salud le importa a mi familia, a mis amigas y a muy poca gente más. Al resto del mundo le da igual si me muero mañana o vivo hasta los noventa años; es más, unos cuantos contrarios al activismo gordo me han deseado la muerte ya, así que no, a la gente gordófoba le importa un pimiento mi salud y la de la gente gorda, lo que les molesta es mi cuerpo gordo en sus ojos y todo lo que simboliza para ellos, que poco tiene que ver con la salud y mucho con la moral.

En pocas palabras, podemos definir la moral como aquella que dictamina lo que está bien y lo que está mal, qué es el «bien» y el «mal». Esta delimita lo que una sociedad (a nivel general) valora como bueno o malo, como correcto o incorrecto (aunque luego a nivel individual cada una pueda discrepar y tengamos derecho a desobedecer). La cuestión es que la sociedad ha decidido que el cuerpo gordo está mal.

El cuerpo gordo lo utiliza la sociedad gordófoba como símbolo de vagancia, opulencia, pereza, insalubridad, fealdad e improductividad (aunque, como es evidente, esto sean prejuicios y estereotipos que no se corresponden en absoluto con la compleja y diversa realidad de la gente gorda). Es decir, el cuerpo gordo está relacionado con una serie de valores que esta sociedad considera negativos o malos, por eso lo rechaza, porque lo considera *moralmente incorrecto*. Pensemos, por ejemplo, en la imagen de una mujer delgada comiéndose un donut, unas papas fritas o un trozo de pizza. Pensemos ahora en una mujer gorda haciendo eso mismo. La interpretación de un mismo hecho cambia según el cuerpo que esté llevando a cabo la acción. De la delgada nadie pensará: «No cuida su salud, debería ponerse a dieta; está consumiendo alimentos que producen colesterol». De la gorda, sí.

La cuestión no es estar sana sino cumplir con la norma de la delgadez. Nada de la gordofobia tiene que ver en realidad con la salud. La salud es solo una excusa para tapar la moral gordófoba. Si fuera por una cuestión de salud, sucederían dos cosas:

1) La sociedad rechazaría a toda la gente enferma, al igual que rechaza a la gente gorda por considerarla como tal.

Si la sociedad les aplicara a todas las personas a las que considera enfermas las mismas directrices que le aplica a la gente gorda, sería una sociedad más asquerosa de lo que ya es. Imagínense esta sociedad discriminando y excluyendo a toda persona enferma. Menos mal que esto no sucede. Por lo general, a las personas en situación de enfermedad se las cuida. ¿Por qué, entonces, a nosotras se nos insulta, humilla, acosa, violenta? Hay una valoración moral del cuerpo. Un cuerpo que se considera que está enfermo, pero no lo está y ni siquiera se cuida como si lo estuviera. Y una creencia errónea de que detrás de la gordura hay *voluntariedad*, es decir, que nosotras un día nos despertamos y pensamos: «Hoy es un gran día para empezar a engordar», y así, ¡pum! Engordamos.[32]

32. El cuerpo es complejo. Como decía al principio, hay muchos motivos por los que alguien puede engordar o adelgazar. Entran en juego historias personales, la salud mental, situaciones económicas, costumbres familiares, elementos culturales, religiosos, etc. Es imposible, y también irrelevante, abordar este asunto aquí y ahora. Lo importante: los cuerpos son heterogéneos, de configuración compleja, y la voluntariedad es un mito.

2) Se esforzarían en cambiar las condiciones sociales, políticas, económicas y culturales que definen los cuerpos (todos los cuerpos) y su salud.

Todo cuerpo tiene un complejo estado de salud o de enfermedad[33] que obedece a múltiples factores. Pero la gente gordófoba se centra solo en uno: el peso. No les importa nuestra salud; les molesta nuestra gordura.

Creo que si a la sociedad en realidad le importara la salud de la gente (y no solo el peso), tendría en cuenta todos los factores que configuran los cuerpos y hacen posible la vida. En tal caso, tomaría medidas para que todas las personas (flacas y gordas) tuvieran acceso a comida sana, a hacer deporte, al dentista, a una casa digna y a terapias de salud mental. Restringirían la publicidad (y la venta, ¿por qué no?) de refrescos azucarados, comidas rápidas, congelados, tabaco y alcohol. En ningún país sería más barata la comida rápida que un plato de comida hecho en casa, ni más baratos los refrescos que la fruta. En lugar de largas y estresantes jornadas laborales, tendríamos empleos de poca duración, bien pagados, que nos permitieran tener el tiem-

---

33. De vez en cuando me pongo existencialista y me da por pensar que la vida en sí es una enfermedad, que es más fácil morirse que estar viva, que no hay salud posible en este mundo contaminado, caótico y enfermo, y estamos todas encaminadas a la tumba... Pero bueno, después sale el sol, voy a la playa, veo el mar y se me pasa.

po libre necesario para el ocio, para ir al monte o a la playa, para disfrutar de la familia y las amistades, y que nos proporcionaran los recursos necesarios para tener una vida relajada y dedicarnos al cuidado propio y ajeno. Se darían charlas no estigmatizantes sobre alimentación en los coles, centradas en la diversidad corporal y en el autocuidado desde el amor, en lugar de inculcarnos odio por nuestro cuerpo y la costumbre de hacer dietas que nos destruyen por dentro física y psicológicamente. En un mundo preocupado por la salud de la gente gorda, en vez de centrarse tanto en el peso de nuestro cuerpo se centrarían en el peso del estigma, que nos pesa mucho más.

Así que ¡BASTA!

El 31 de diciembre de 2017 publiqué en Stop Gordofobia este mensaje que nos envió Miel:

Mientras tu efímera y soberbia preocupación me perturba el alma, mi vacío se hunde y grita que la respuesta es siempre el amor. Y quisiera que tu ayuda sea solo amor. Ya no sé cómo pedirte que me trates con más amor. No me mandes al médico. Mi gordura solo necesita tu abrazo incondicional. No la frialdad de tu ciencia.

En la misma línea, la poeta La Grieta, escribe en su blog *Poliedrika*[34] esta poesía titulada «Te lo digo por tu salud»:

Querida científica,
querida saludable,
querida racional y objetiva,
querida amiga,
te lo digo por salud,
la tuya, la mía, la de todas...
La gordofobia produce trastornos de alimentación.
La imposición de una dieta produce ansiedad,
*   autolesión y atracón.*
La obsesión con la imagen cibernética produce
*   bulimia.*
El ideal de la delgadez por salud y estética produce
*   anorexia.*
La gordofobia mata [...].

No tenemos por qué explicar la salud de nadie para defender nuestro derecho a no ser discrimininadas. Da igual si una gorda está sana o enferma. NO MERECE QUE LA DISCRIMINEN. Importa un carajo si el motivo de su gordura es que tiene ansiedad, está hundida en una depre-

---

34. <https://poliedrikablog.wordpress.com>.

sión, tiene un problema hormonal, está en tratamiento con quimioterapia o simplemente come «mal». NO MERECE QUE LA DISCRIMINEN. Importa tres pepinos que sea una gorda que odia el deporte o sea una gran deportista olímpica. NO MERECE QUE LA DISCRIMINEN. Da igual si su comida favorita es la hamburguesa o la ensalada, si va en silla de ruedas o hace footing, si le gusta jugar a videojuegos o prefiere bailar. NO MERECE QUE LA DISCRIMINEN. NADIE MERECE QUE LO DISCRIMINEN BAJO NINGÚN CONCEPTO.

¡YA ESTÁ BIEN DE INTENTAR JUSTIFICAR LA GORDOFOBIA CON LA EXCUSA DE LA SALUD!

Se acabó. Que nadie vuelva a hablarme de salud cuando hablo de gordofobia, porque solo les responderá mi furioso silencio.

Estar

vivas

es

un

factor

de

riesgo

para

la

salud.

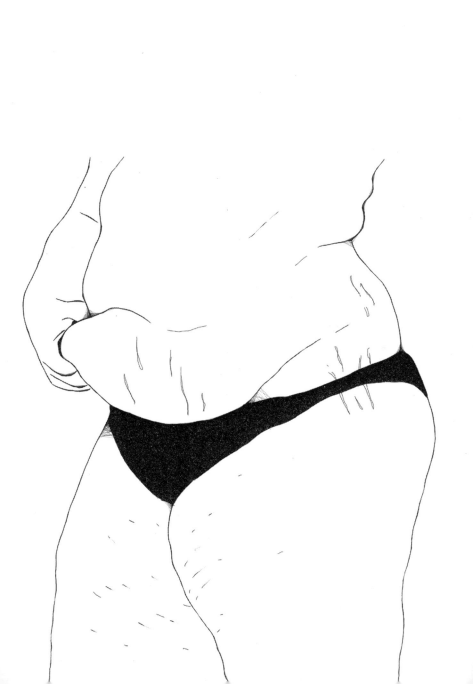

Grito n.º 5

¡La representación es importante!

Tengo encima de mí los consejos para domesticarme; dicen que habito un temblor equivocado.

GABRIELA CONTRERAS

Cuando hablamos de *representación* hacemos referencia a aquellas imágenes que nos llevan a pensar en algo, a hacernos una idea de una cosa determinada. La repetición constante de una imagen puede lograr que se alojen en nuestra mente ideas fijas sobre lo que ella representa y generar que la próxima vez que veamos una imagen igual o parecida a esa pensemos en la misma idea que ha ido transmitiendo en todas sus repeticiones. Por poner un ejemplo simple: la repetición del color rojo como representación de peligro a lo largo del tiempo ha llevado a que sea el color protagonista de todas las señales de alerta, pues ya está instaurado en nuestra mente lo que simboliza; por ello, con tan solo ver el color rojo en una señal o un cartel, nos paramos en seco ante él por precaución, a ver qué pasa. Con las representaciones en los productos culturales (series, películas, novelas...) sucede más o menos lo mismo: se repite tanto una imagen como representación de algo que llega un momento en que ese símbolo queda grabado en nuestra mente. Otro ejemplo simple: las comedias románticas, donde se repite la historia de chico conoce a chica y surge el amor (es probable que sea en medio de un aparatoso accidente o en un cruce de miradas en un bar); ella es delgada, de belleza normativa,[35] casi seguro blanca y rubia; él también blanco, atlético, fuerte, protector. Esta repetición es bastante común dentro de este tipo de producción hollywoodense y alimenta una única idea de *enamorarse* (monógama y romántica),[36] un único tipo de *amor* (heterosexual) y un solo tipo de cuerpo posible: blanco, cisgénero[37] y delgado.

En el caso concreto de las gordas, siempre nos han in-

---

35. Lo que comúnmente se considera bello.
36. Una relación perfecta e ideal que luego no se corresponde con la realidad: <https://haikita.blogspot.com/2010/08/los-mitos-del-amor-roman tico.html>.
37. Persona que no es trans.

visibilizado en las pasarelas, las películas, la fotografía, la publicidad, las producciones literarias y en casi todo espacio cultural, y en las circunstancias en las que sí nos han representado, la mayoría de las veces ha corrido a cargo de personas no gordas; es decir, han sido otras las que han diseñado las imágenes que han representado a las gordas (por lo general hombres blancos delgados que hablan desde su visión de nosotras y sin tenernos en cuenta). De este modo, nos encontramos con imágenes plagadas de gordofobia, desde el típico gordo burgués protagonista de las ilustraciones del siglo XIX en contra del capitalismo (el gordo como símbolo de opulencia, que se come el mundo entero), pasando por el «antes» del «después» en los anuncios de productos dietéticos, hasta las películas con personajes secundarios gordos para la mofa, el ridículo o el cuidado (la amiga o el amigo inseparable nunca atractivos ni erotizables).

El problema de las imágenes es que terminamos identificándonos con lo que representan y nos relacionamos con el mundo a través de ellas. ¿Qué dicen las representaciones culturales de las gordas? ¿Con qué estamos identificándonos? ¿Bajo qué conceptos de nosotras mismas estamos construyendo nuestra identidad? ¿Qué representaciones definen nuestra autoestima?

Representaciones gordófobas

La mayoría del contenido de los medios de comunicación y las producciones culturales es gordófobo. En las noticias somos las sedentarias, un número más en la cifra de obesidad mundial; en la publicidad, glotonas y el antes triste y vago del después delgado activo y feliz; en política, casi inexistentes; en las canciones y poesías, igual; en las películas, centro de la mofa, la torpeza y el ridículo. Como protagonistas y amantes, nunca. Como amigas, siempre. Y lo más importante: se repite el mensaje del cuerpo gordo como cuerpo fallido, fracasado, errado, que debe cambiar para lograr el amor, la aceptación social, el éxito y la felicidad.

Un claro ejemplo de lo que señalo lo encontramos en el personaje de Monica en la mundialmente conocida *Friends* (Kauffman y Crane, 1994-2004). Varios capítulos relatan el pasado gordo del personaje, quien después de una humillación gordófoba por parte de un chico que le gustaba (Chandler), adelgaza y se convierte en una chica delgada y atractiva que, ¡vaya sorpresa!, acaba gustándole a ese chico que la había rechazado en su adolescencia por gorda. El mensaje es claro: adelgazar es tu éxito y tu venganza, ¡lo mejor que te puede pasar en la vida! A pesar de que haya casi dos décadas de diferencia entre una y otra, podemos encontrar justo el mismo mensaje en la serie *Insatiable* (Gussis, 2018), la cual narra la historia de una joven gorda que *gracias* a un ataque gordófobo de un desconocido (quien le rompe nada más y nada menos que la mandíbula) baja mucho de peso y comienza entonces, muy delgada y «bella», a vengarse de todas las personas que habían sido gordófobas con ella en el pasado. Ambas series repiten la idea del cuerpo-tránsito: no vas a lograr nada hasta que no adelgaces. Lo mismo sucede con *Mi gorda bella* (Vizoso, 2002), una telenovela de éxito en Latinoamérica; ciertos *reality shows* que giran en torno al adelgazamiento de un grupo de gente gorda, y también los *booms* mediáticos que se han producido en torno a la bajada de peso de determinadas celebridades del mundo del espectáculo, como es el caso de Adele o Gabourey Sibide, en los que las noticias sobre sus kilos perdidos parecieron volar más que las que abordaban su trabajo artístico y sus éxitos profesionales. Del mismo modo, se repite también el mensaje contrario: ser gorda es lo peor que te puede pasar en la vida. Basta con ver cualquier capítulo de series de éxito como *How I met Your Mother*, *Friends*, *The Big Bang Theory*, *Modern Family*, etc., para encontrar con cierta frecuencia la palabra «gorda» utilizada como insulto o como monstruo, y escenas donde se recalca que engordar o que tu pareja engorde es una terrorífica amenaza, sobre todo cuando quien engorda es una mujer.

Pero la idea del cuerpo-tránsito no es la única idea gordófoba transmitida por las representaciones culturales; también encontramos lástima, humillación y mofa constante. Un referente de este trato lo podemos ver en la escena de *Charlie y la fábrica de chocolate* (Burton, 2005) en la que Augustus Gloop, el niño gordo, cae en una piscina de chocolate por acercarse a probarlo y luego lo engulle un tubo gigante transparente que se atasca al paso de su cuerpo gordo. Mientras su madre lo mira con lástima, el resto de los personajes lo observan impávidos y los Umpa-Lumpa le cantan: «Augustus Gloop, Augustus Gloop, glotón y vago eres tú; Augustus Gloop, el gordo vil, avaricioso e infantil». Otro claro ejemplo es la película *Amor ciego*, que a pesar de sus intentos de enviar un mensaje de «el amor va más allá del cuerpo, lo importante es la belleza interior», no deja de tener un tono lastimero y victimista, mientras basa su humor en la humillación de su gorda protagonista, el cual se plasma en el agua que salpica cuando se tira a una piscina, en toda la comida que ordena en un restaurante, en lo grandes que son las bragas que se compra y en el desequilibrio que genera su cuerpo gordo cuando se sube a un bote de tal manera que la punta contraria a aquella en la que está subida queda en el aire.

Cabe resaltar que es tanto el ridículo y el desprecio que se vierte sobre el cuerpo gordo que podemos observar que, en la mayoría de las ocasiones, es este en sí mismo el personaje, el chiste, la masa de la risa, y parece imposible que escape de la mirada gordófoba que se centra en observarlo desde la burla, el desprecio o la lástima. Es muy difícil y extraño que una persona gorda interprete un papel cuyo personaje no esté atravesado por el eje de su gordura. No puede interpretar a una abogada, arquitecta o escritora en una obra; siempre será la gorda y, en tal caso, la abogada, arquitecta o escritora gorda. Una persona gorda nunca es neutra, como no lo es nadie que pertenezca a un grupo oprimido y no forme parte de la norma o lo normal: blanco, cisgénero, heterosexual, delgado, funcional. Nuestra diferencia oprimida se convierte en personaje.

Como vemos, la gordofobia campa a sus anchas en los productos culturales de esta sociedad de hegemonía delgada dando la apariencia de que las gordas estamos condenadas a solo dos opciones: 1) a identificarnos con las cualidades negativas adheridas a la gordura en sus representaciones y, en consecuencia, a sentir vergüenza de lo que somos; 2) ante la ausencia de referentes gordos, a compararnos con el personaje flaco y, una vez más, desear ser lo que no somos. Pero resulta que tenemos una tercera opción y es dejar de mirarnos a través de la mirada de esta sociedad gordófoba, dejar de medirnos a través de su desprecio y su lástima, y empezar a mirarnos con nuestros propios ojos, preguntándonos cuál es nuestra visión, quiénes somos en realidad las gordas y gordos, qué pasa con nuestro cuerpo, cómo lo vivimos y sentimos, cómo es ser gorda en un mundo gordófobo, cómo es amar(nos) en un mundo gordófobo.

Tomar la voz

Los grupos oprimidos se caracterizan, entre otras muchas cosas, por estar sometidos a la invisibilización y al silenciamiento de sus experiencias y de su visión del mundo, pues prima siempre la visión del grupo privilegiado. La historia está llena de ejemplos. Se me vienen a la mente los señores médicos que, en el siglo XIX, patologizaban las emociones de las mujeres afirmando que sufrían «histeria». Y aún son muchos los europeos que hablan del descubrimiento de América en el año 1492, cuando América estaba habitada desde siglos antes de la llegada de Colón al continente. Está claro que si estas mujeres y los nativos de Abya Yala (América) dieran su perspectiva del asunto, el relato de la historia sería muy distinto.

Algo parecido nos pasa a los gordos / gordas / gordes. Como sujetos oprimidos, nuestro cuerpo y nuestra voz están desacreditados, incluso cuando denunciamos la gordofobia.[38] Parece que no tuviéramos nada que decir o, como mínimo, no tuviéramos derecho a decirlo. Ni sobre nosotras mismas ni sobre nada. Nuestra voz parece no ser válida. Quieren condenarnos a escuchar solo lo que médicos, familia y medios de comunicación tienen que decir sobre nosotras.

¿En qué noticias sobre gente gorda se nos pregunta cómo vivimos el cuerpo gordo? ¿En qué investigaciones se aborda no solo el cuerpo gordo, sino también la experiencia de la gordofobia? ¿Cuándo comenzó a investigarse la gordofobia? ¿Cuándo comenzaron las series, libros y películas a hablar del estigma de la gordura y de nuestro derecho a la existencia? Cuando nosotras tomamos la voz, cuando empezamos a investigar, cuando comenzamos a escribir, a hacer series, fotografías, cine. Desde las grandes producciones hasta las más modestas. Del resto solo encontramos silencio e invisibilización de nuestro relato, de nuestra perspectiva acerca de nuestro propio cuerpo.[39]

38. Yo misma viví episodios de este tipo. Por ejemplo, en un congreso feminista, donde vi a varias personas reírse cuando comencé mi conferencia diciendo que las gordas estamos oprimidas.
39. La invisibilización sucedió incluso dentro de espacios que pretendían ser críticos. La activista gorda Charlotte Cooper en *Fat is a feminist issue, but whose feminism?*, realiza una incisiva crítica a ciertas feministas delgadas cuyo trabajo teórico ha girado en torno a la obsesión por la delgadez y al fantasma de la gordura con el que el patriarcado asusta a las mujeres en Occidente, mientras el silencio se cierne sobre la gordofobia en sí. Se preocupaban por la

Representaciones antigordófobas

Tal como exponía en el Grito n.º 2, el activismo *body positivity* (positividad corporal), aunque no sea suficiente, es una parte necesaria para cambiar el orden gordófobo de las cosas. Este activismo consiste en la realización de acciones comunicativas positivas sobre la diversidad corporal, en pro de la aceptación de todos los cuerpos, más allá de su capacidad, peso, color, identidad, estado de salud, etc. Así, nos encontramos con fotografías, ilustraciones, cortometrajes, poesías y otras producciones culturales que se enmarcan dentro de la celebración de los cuerpos diversos, así como modelos que promueven la «belleza a cualquier talla»[40] (conocidas como modelos *curvy*).

En lo relativo a películas y series, creo que puedo decir que hay un antes y un después de la serie *My Mad Fat Diary* (Rae Earl / Buckland, Vouch, Hussey, 2013-2015). No sé si

---

experiencia delgada, pero no por la experiencia gorda. Ninguna abordaba la discriminación que sufrimos las gordas ni el simple hecho de que nosotras ya habitamos esos cuerpos que ellas temen habitar.

40. Dentro del activismo gordo se debate mucho sobre la necesidad (o no) de apropiarnos de la belleza. Desde mi punto de vista, la belleza (en un sentido amplio del término) da placer. La encuentro en un paisaje, en el canto de un pájaro, en el latido del corazón de mi sobrino, en una foto vieja de mi abuela, y me gusta encontrármela en algún rincón de mi cuerpo. El problema radica, de nuevo a mi modo de ver, en que dentro del mundo *curvy* se suelen reproducir patrones de belleza normativos, ampliando la norma de la delgadez unos kilos, pero manteniendo el resto de la norma intacta. Sobre esto hablo en mi artículo «Las "Gordibuenas" y el ritual de la salvación» <http://lado bleefe.blogspot.com/2014/12/las-gordibuenas-y-el-ritual-de-la.html>.

es una experiencia generalizada, pero, en mi caso, sentirme identificada al cien por cien con la protagonista de un audiovisual era un evento totalmente nuevo. Por primera vez sentía que de verdad alguien hablaba de mí, que su voz era la mía, sus miedos, sus inseguridades, sus alegrías, sus ansiedades. La entendía y me entendía. Por fin veía en la televisión a un personaje no a través de la distancia del cuerpo o la vergüenza, sino a través de la lente de la similitud. Fue un abrazo caluroso a mi cuerpo gordo. Por fin existía(mos).

Dietland (Sarai Walker, 2015) también supone una ruptura con las representaciones gordófobas, tanto en la novela como en la serie. Su protagonista gorda se encuentra en el proceso de romper con el concepto cuerpo-tránsito para reconectar consigo misma y terminar siendo casi una superheroína feminista. Rebel Wilson, en *Super Fun Night* (Wilson, 2013), no parece tener complejo de gorda, y en la serie *Drop Dead Diva* (Berman, 2009-2014), llega un punto de la trama en que su protagonista, Deb Donkins, deja de ser gorda para ser solo una abogada, es decir, no es que baje de peso, es que su cuerpo gordo deja de ser el protagonista de la trama, ¡maravilloso!

El corto *Gordofobia*, de Sara Monedero; las ilustraciones de La Chica Imperdible y Valerie Vásquez, de Desobediencia Visual; los autorretratos de Tess Hache; el fanzine *Gorda!Zine*, de Laura Contrera, y *Gordedades*, de las Gordas sin Chaqueta; la Negra Liyah y su canción *Cerda Punk*; La Grieta y su canción *La gorda*; las poesías de Kai Guerrero y Gabriela Contreras también son abrazos gordos en forma de arte.

Las representaciones gordófobas alimentan la gordofobia de todas y la nuestra, así que realizar o encontrar representaciones antigordófobas alternativas a la hegemonía delgada es parte importante de la lucha contra la gordofobia, ya que nos dan pie a pensar en la existencia de otros cuerpos posibles, nos permiten vernos reflejadas en otros espejos, en las experiencias de otros cuerpos, rompen con la barrera de la soledad, nos llevan a no ver rareza en la diferencia; destruyen, con todo, la idea de que solo la gente delgada existe y merece existir. Pero, sobre todas las cosas, estamos diciéndonos a través de ellas que podemos ser protas de la historia, fuertes e inteligentes, bellas a nuestra manera, amadas y deseadas por cada kilo, y reforzamos los valores positivos que construyen (y no destruyen) nuestra autoestima.

Siempre soñé con un poema de amor que hablara de mí. Lo escribí. Para todas.

Despertares

Suena el despertador,
lo apaga y me busca entre las sábanas.
Me encuentra.
Acaricia mi espalda
suavemente,
como si fuera una gata.

Ronroneo.

Sus dedos sobre mi piel
traen a la vida mi cuerpo gordo.
Un día nuevo.
Me reconozco.
Lo reconozco.
Está aquí,
lleno de ganas de vivir.

«Ojalá supiera lo que es la estructura molecular
para poder decir que hasta eso me gusta de ti»,
me susurra al oído.

Se ríe.
Me río.

Aunque dijeron que no,
mi derecho al placer existe.

Grito n.º 6

¡No tenemos que esconder nuestro cuerpo!

No corras más, que ya no hay donde huir;
de esta piel no te escapás.

A. Balbis

Existen múltiples formas de esconder el cuerpo gordo. Lo esconden cuando maldicen su existencia, cuando invisibilizan o utilizan como insulto la palabra que lo define, cuando hacen hincapié solo en su salud y su peso, y no en cómo lo habitamos, disfrutamos, sentimos y nos lleva por los caminos del mundo. Yo misma he tapado mi cuerpo negándome a salir en fotografías y también apareciendo en ellas haciendo uso de diferentes estrategias para disimularlo: escondiéndome detrás de alguien; poniendo mi bolso o mochila entre mi cuerpo y la cámara; cruzando los brazos sobre la barriga; evitando las fotos de cuerpo entero; tomándome sobre todo fotos de la cara, desde arriba, disimulando los mofletes y la papada. Escondí mi cuerpo sentándome siempre en una silla o un banco, de tal manera que mi postura y un específico acomodo en la ropa lograran que la barriga se me notara menos. Lo escondí haciéndolo perderse en camisas grandes y pantalones anchos, huyendo de espejos y de la desnudez acompañada o pública, y también evitando ser la diana de las miradas ajenas situándolo en los bordes de la clase, atrás del todo en el cine, en las esquinas de los bares y cafeterías, no permitiéndole nunca ocupar el centro de ningún espacio. Lo escondí tapándome casi toda mi vida el ombligo, el cual, no sé muy bien por qué motivo, sentía la imperiosa necesidad de no sacar nunca a la luz.

Recuerdo a la perfección la primera vez que lo enseñé. Me refiero de adulta, porque de peques solemos enseñar con libertad nuestro cuerpo hasta que surge la primera voz que nos ordena sentir vergüenza, taparlo y esconderlo. Y obedecemos, claro. En mi caso yo tenía unos siete u ocho años cuando comencé a obedecer a esa voz. Estaba de vacaciones con mi familia en un complejo de piscinas. Hacía un calor infernal, pero decidí no meterme al agua ni quitarme la ropa. No quería quedarme en bañador. Mi madre no entendía nada y me pidió explicaciones, pero no se las di. No supo hasta unos veinte años después que mi decisión escondía mi reciente descubrimiento de que yo era GORDA. GORDA implicaba que mi cuerpo estaba mal, era feo y no era digno de que lo enseñara. Me lo habían dejado claro distintos comentarios en mi entorno más cercano: debía tapar mi cuerpo gordo. Y lo hice. Ni piscinas ni playas ni nada. Lo escondí todo lo que pude. Sobre todo, la panza, el ombligo y mis michelines. Esa fue para mí la trilogía del mal.

Por suerte, el activismo gordo y el activismo feminista entraron de lleno en mi vida como un torrente de rebeldía y libertad, y abrazada al archiconocido lema «Mi cuerpo es un campo de batalla», fui poco a poco ganándole terreno a la playa, al espacio público y a la desnudez. Eso sí, todo ha sido, y es, un proceso leeeeento, l e e e e e n t o.

Mi ombligo

Después de años y años de esconderme, la primera vez que enseñé un poquito mi cuerpo fue en un carnaval de Tenerife. Aproveché la coyuntura del disfraz para lanzarme al abismo de mostrar mi ombligo (sí, el ombligo, tan pequeño y tan cabrón). Creo que fue Oscar Wilde quien dijo algo así como «Dale una careta a un ser humano y sabrás quién es». Así que dale un disfraz a esta gorda y logrará enseñar la carne que desde pequeñita la obligaron a esconder. Mi truco consistió en un pequeño corte recto en mi camiseta, de unos 8 o 10 centímetros, que arrancaba en la parte frontal desde abajo, centrado, y se acababa un poquito por encima del ombligo. La abertura era tan escueta que apenas permitía que se asomara mi ombligo en el pequeño espacio triangular que dejó a su paso la tela levemente abierta por el corte. No se veía nada más. Por el momento, era incapaz de enseñar nada más. Mis michelines quedaron bien tapados, pero ahí estaba mi ombligo, ¡por fin! Qué emoción sentí aquella primera vez. Un pequeño paso para la humanidad, un gran paso para Magda. Bueno, en realidad a la humanidad le importaba un pito mi ombligo, pero yo fui muy feliz ese primer día de enseñar mis carnes. Y fue el primero de muchos, ya que desde entonces no paré de ganarle terreno a la desnudez hasta terminar, varios años más tarde, bailando en tetas y medias de rejilla en una obra de teatro. Pero esa es otra historia.

Una bola disco

El cuerpo gordo ocupa un gran espacio de por sí y punto. Nunca vamos a poder esconderlo. Entonces ¿qué hay detrás de la obsesión de taparlo? A mi modo de ver, disimular su existencia, nuestra existencia. La gordofobia nos convence, en lo más íntimo de nuestro ser, de que debemos intentar pasar desapercibidas por el mundo.

El cuerpo gordo que busca pasar inadvertido lleva consigo la penitencia del cuerpo que ha desobedecido la moral de la dieta y la religión de la delgadez, carga la culpa de ser lo que es y no lo que le dicen que debería ser. Convencido de que no debe llamar la atención, evita las miradas. En la medida en que existimos cuando tenemos testigos de nuestra existencia, no querer ser vistas es no querer existir. A eso nos han abocado, ¡a pedir perdón por existir! ¡A desear no existir! Nos enseñaron a caminar plagadas de vergüenza, llenas de la inseguridad que produce la certeza del cuerpo erróneo, indeseable, sin derecho al goce ni al disfrute del espacio que ocupamos.

Para no mostrar ni un ápice de orgullo contamos con la excelente herramienta de la sobriedad de la apariencia: tapar el cuerpo gordo para disimularlo. La sociedad gordófoba dicta que el cuerpo gordo no merece ser adornado, ni resaltado, ni estilizado, ni que se vea como algo bello. Me parece que puedo oírla gritar: «¡Póngale una sobria tienda de campaña encima y tape bien ese cuerpo gordo; ni se le ocurra diseñarle nada entallado ni de colores que llamen la atención sobre su figura! ¿Quién va a querer que dirijan su vista hacia lo indeseable? Ya, de paso, recuerde:

¡la playa no es su sitio! ¡Y las piscinas, tampoco!». Respecto a esto último, me parece increíble cómo nos convencemos de que para ir a la playa hay que tener un cuerpo perfecto. ¿En qué momento se convirtió el ir a la playa en una pasarela de modelos y no en un paseo a refrescarte o relajarte en el mar? ¡Es demasiado absurdo! En fin. Volviendo a la ropa: para las personas gordas, encontrar ropa es una auténtica odisea, así, en términos generales. Parece que no tuviéramos derecho a vestirnos, a tener un abrigo para el frío, un bañador para la playa, unas botas que nos protejan de la lluvia. Pero el problema no se reduce solo a que nos quepa, sino también a que nos guste. Porque, al parecer, tampoco tenemos derecho a vernos y sentirnos bellas, engalanarnos para un gran evento o llamar la atención con nuestro atuendo si nos da la gana hacerlo.

Mis búsquedas de ropa, casi toda mi vida, se han movido entre pantalones que no se adaptan a mi figura y pantalones tan ajustados que temo la posibilidad de que los botones salgan disparados como balines contra alguien. Camisetas holgadas para disimular la barriga que sobresale por encima de las costuras debido al apretado pantalón asesino. Vestidos anchos y de recorte cuadrado, tan anchos que, como decía antes, bien podrían ser tiendas de campaña. Nada de pinzas ni ropa entallada. Estampados feos, feísimos. Florituras sin sentido. Colores sobrios.

Aburrimiento. Sosería. Me he encontrado incluso con tiendas que venden *tallas grandes*, pero los diseños son distintos para gordas y delgadas. Para nosotras, colores oscuros; para ellas, claros. Para nosotras, todo recto; para ellas, adaptado a la figura. Para ellas, estampados hermosos; para nosotras, los feos. Para ellas, brillos y transparencias; para nosotras, pura, oscura y densa sobriedad. ¿Por qué no utilizan el mismo diseño para gordas y delgadas? A veces tengo la impresión de que nuestra ropa la diseña nuestro peor enemigo, uno que no logra imaginarnos con medias de rejilla, ni lentejuelas, ni *animal print*, ni lunares, ni colorines, ni transparencias, ni brillos. Vale, quizá con brillos me parezca, como decía La Cerda Punk, a una bola disco. ¿Y qué? ¿Qué pasa si quiero ser una bola disco?

Visibles y desobedientes

Como gorda, siempre he tenido muy claros los límites de la moda gordófoba, ciertas normas para vestirme, exclusivas para disimular cuerpos como el mío: siempre pantalones ajustados de tiro alto, nunca de tiro bajo; olvídate de los pantalones a la cadera, campana y también de los *leggins* y los *shorts*; siempre rayas verticales, nunca horizontales; nada de estampados, brillos, ni lunares; nada de colores fuertes, mejor oscuros; y, por supuesto, que no se te cruce por la mente ni una milésima de segundo usar transparencias, ¿quién quiere ver lo que escondes, GORDA, debajo de esas telas?

Con toda esta información aprendí a disfrazarme para la sociedad; creo que los miembros de todos los colectivos oprimidos aprendemos a hacerlo. La sociedad nos deja claro día a día qué podemos ser y qué no, qué se va a excluir y qué no, qué podemos llevar puesto y qué no. Interiorizamos sus normas. Aprendemos a ocultar lo que somos, a silenciar nuestra diferencia, a sentir vergüenza, a optar por la obediencia y esconder el cuerpo que se considera enfermo, raro, asqueroso, defectuoso, incómodo; ese que nadie desea ver, ni tocar, ni querer. Yo aprendí a tratar de disimular mi existencia creyendo que cuanto más inadvertida pasara, más fácil iba a ser todo en mi vida. Pero no lo era. La herida dolía mucho. Negar mi cuerpo era como estar muerta. Y yo quería vivir.

Y resultó que un día me encontré con una gorda que se puso un top; un gordo, una camisa verde chillón; une gorde con un vestido de brillos y ligas; otro que se atrevió, en un festival, a mostrar la barriga; dos gordas que fueron a la piscina en biquini; otros cinco que hicieron nudismo en una playa; otra que se animó con las medias de rejilla y la minifalda; otra, con el estampado de leopardo; otra, con las transparencias. Y conociendo otras desobediencias, me atreví yo también a ser desobediente. Así que acabé comprándome una camiseta que reza «PERFECT». Las normas existen, pero siempre está la opción de desobedecerlas. ¡Y qué bien sienta la rebeldía de vez en cuando, joder! Es una mezcla de rabia, purpurina y alegría saliéndote a borbotones por los poros de la piel que de repente te lleva a gritar fuerte: ¡¡¡BAAASSSTAAAAAAAAA!!! Y como quien decide hacer una limpieza profunda de la casa y sacar toda la basura *p'afuera*, una también empieza a tirar *pa'l* carajo las ideas basura de taparse, de ocultarse, de esconderse, de intentar ser invisible... porque ESCÚCHENME, SEÑORES Y SEÑORAS:

EXISTO Y PESO 110 KILOS, ¡¡NO PUEDO SER INVISIBLE!!

No puedo ser invisible.
No quiero ser invisible.
No voy a ser invisible.

Ombligo

Si tuviera que elegir un lugar para mi estigma
sería el ombligo

que se esconde
y se asoma,
que juega entre pliegues,
que se sumerge y abandera,
que se atrinchera.

Si tuviera que elegir un lugar
sería el ombligo

perdido
diminuto entre la amplitud de mi carne,
centro de la diana,
eje del mal,
lazo frágil y luz
de la herencia abdominal.

Sí, mi estigma habita el ombligo
casi invisible,
casi oculto,
hundido,

centro del (des)equilibrio de mi ser
a punto de estallar
y deseoso de florecer.

Grito n.° 7

¡Recomendar dietas es violencia y el #TeQuieroIgual también!

> Bombón, cañón, follable. Daba igual cómo lo llamaras, era lo que yo quería; estar buena, despertar deseo en hombres y mujeres. Pero me di cuenta de que ya no deseaba eso. Eso me obligaba a vivir en el País de las Dietas, lo que implicaba control, opresión (incluso parálisis), pero, sobre todo, significaba obediencia. Estaba cansada de ser obediente.
>
> SARAI WALKER,
> *Dietland*

En el contexto de una charla con adolescentes sobre opresión, le pregunté al joven público: «¿Qué es para ustedes la violencia?». Un chico respondió: «Cuando alguien hace algo que me hace daño». Para mí, esta es la definición más básica de violencia, que si la completamos un poco quedaría más o menos así: «Aquellos comportamientos que hacen (o intentan hacer) daño a otra/otras, a nivel físico, económico, simbólico o psicológico».

La gordofobia nos hace daño. La gordofobia es violenta. Y lo es en muchos aspectos, como hemos podido ver hasta ahora.

Uno de los más recurrentes y desconocidos es el del acoso callejero y las invitaciones a adelgazar (por parte de gente conocida y desconocida), que pone el foco de nuevo en la obligatoriedad de cambiar el cuerpo, desde su asunción como algo modificable y que modificar para adaptarse a la norma de la delgadez. Desde que comencé con el activismo gordo a relatar y denunciar que para nosotras, las gordas, es (tristemente) común recibir comentarios sobre nuestro cuerpo y recomendaciones de dietas, incluso de gente desconocida en plena calle, parte de mi entorno se ha visto sorprendido: «Ah, pero ¿en serio te pasa eso?». Sí. Nos para gente desconocida en la calle para recomendarnos dietas, nutricionistas, fármacos, ejercicio, y también para compartir sus pensamientos respecto de nuestro cuerpo. Como si tuvieran derecho. Como si debiera importarnos.

Sin ir más lejos, hoy me ha ocurrido un suceso de este tipo: yo iba caminando y comiendo por la ciudad, y una señora que venía andando de frente hacia mí se me ha acercado, me ha pellizcado la panza y me ha dicho a la vez: «Deja de comer, ya estás bastante gordita». Una señora desconocida que me invita a dejar de comer. Ni siquiera me recomienda una dieta, sino que traspasa la frontera de mi cuerpo, me toca y me invita a dejar de comer (se ve que las gordas no necesitamos alimentarnos NUNCA MÁS).

Las personas gordas, como sujetos oprimidos e inferiorizados, quedamos a merced de los comentarios que la gente decida hacer sobre nosotras. Nuestro cuerpo está expuesto, como un buzón donde cualquiera puede dejar su comentario, opinión o queja. Un buzón que, no podemos olvidar, se adapta o modifica acorde a las otras opresiones con las que pueda mezclarse la opresión que recae sobre el cuerpo gordo. Si eres mujer, trans, negra, migrante, pobre o lesbiana, tu buzón tendrá quejas adaptadas. Hay comentarios para dar y regalar, aunque el mensaje último creo que es el mismo: me molesta tu existencia.

Las dietas

La tirria que les tengo a las dietas adelgazantes me permitiría explayarme hasta el infinito, pero el papel no lo soporta todo y tampoco es cuestión de intentar dejar las vísceras en él. Lo que sí diré es que si pienso en dietas, aparecen en mi mente letreros de neón que rezan RÉGIMEN, TORTURA, DISCIPLINA, CONTROL, OBEDIENCIA. Pero esto es un poquito personal, quizá. A nivel general, y un poco más objetivo que mi bilis, las activistas gordas Kirby y Harding abordan la ineficacia de las dietas hipocalóricas[41] y sus efectos perjudiciales para la salud en *La belleza no tiene talla y la salud tampoco*. Las autoras exponen, por un lado, formas de cuidar la salud en el marco del *Health at every size* (salud a cualquier talla),[42] que hablan de sentirse bien con una misma y que nada tienen que ver con el peso y mucho con reconectar con el cuerpo que se nos ha arrebatado desde el machaque gordófobo; y por otro insisten en que abandonemos para siempre las dietas, argumentando que está comprobado que no funcionan a largo plazo, no logran una pérdida de peso permanente, los kilos se recuperan en cinco años o

41. En sentido estricto, «dieta» es aquello que comemos regularmente (sin intención de bajar de peso). Por ejemplo, yo llevo una dieta vegana, lo que significa que no como alimentos de origen animal; las personas musulmanas llevan una dieta halal, y las celiacas, una dieta sin gluten. Cuando hablamos de dietas hipocalóricas hacemos referencia a dietas bajas en calorías cuyo fin es adelgazar.

42. Método defendido por parte del movimiento antigordofóbico estadounidense, que aboga por el cuidado de la salud sin tener en cuenta el peso, desde la asunción de que no está en nuestra mano bajar de peso, pero sí cuidar de nuestro cuerpo.

menos y no implican una mejora significativa de la salud (a veces, más bien al contrario: generan daños físicos y psicológicos).[43] En ocasiones, las dietas dejan cadáveres a su paso.

La cultura de la dieta

Afirma Virgie Tovar que la cultura de la dieta es «el resultado entre la multimillonaria industria de las dietas (lo que incluye las aplicaciones de *fitness*, las pastillas sin receta, los medicamentos que suprimen el apetito y se venden solo con prescripción médica, la cirugía bariátrica, los gimnasios y los fabricantes de ropa para ir al gimnasio) y la atmósfera social y cultural que normaliza el control de peso y la intolerancia gordófoba».[44] Encontramos cultura de la dieta en toda la amplia gama de productos que quieren vendernos con la promesa del éxito de la delgadez, pero también en espacios más cotidianos, como por ejemplo en el comentario «estás más delgada», que suena a felicitación; en la constante conversación sobre

43. Marianne Kirby y Kate Harding, *La belleza no tiene talla y la salud tampoco. ¡Deja de hacer dieta!*, Barcelona, Ediciones B, 2010.
44. Virgie Tovar, *Tienes derecho a permanecer gorda*, Barcelona, Melusina, 2018.

calorías y salud; en el propósito anual de «ponerse en forma»; en la gente que usa ropa deportiva aunque no haga deporte (solo por aparentar que lo hace); en los gimnasios de grandes ventanales donde no solo se hace ejercicio físico, sino que se exhibe al cuerpo que lo hace, y también en la obsesión por comer poco o al menos aparentar que se come poco. Recuerdo, en concreto, un día en la cafetería de la facultad. Cuatro compañeras delgadas y yo fuimos a tomar un café en el descanso entre clases. Yo ya andaba en el camino de hacerme vegetariana, así que me pedí un café con leche de soja y un sándwich. Ellas se pidieron un café cada una y una magdalena para compartir entre todas. ¡Partieron una diminuta magdalena entre las cuatro! La cultura de la dieta entiende de peso, pero también de género: todas las mujeres hemos hecho dieta, estamos haciendo dieta, pensando en hacerla o al menos hablando de ella. Es un pensamiento recurrente.

Volviendo a mis compañeras, en un momento una de ellas confesó que estaba muerta de hambre, pero advirtió que tampoco había que pasarse con la comida, y las otras se rieron cómplices de su comentario prodelgadez o gordófobo. La conversación derivó en el tema calorías, dietas, ejercicio. A veces me pregunto si la gente delgada es consciente del efecto que pueden tener en nosotras, las gordas, los comentarios gordófobos que espetan delante nuestro, cuando nosotras somos el símbolo de todo aquello que ellas no quieren ser y el motivo por el que parten una diminuta magdalena en cuatro trozos.

Feminismo y delgadez

La cultura de la dieta se queda incrustada en nuestra mente desde pequeñas, sobre todo en las mujeres. Si bien es innegable que al ser la gordofobia un sistema de opresión, toda persona gorda sufre gordofobia sin importar su género, lo cierto es que las mujeres en concreto tenemos una cuota de patriarcado que hace de la discriminación gordófoba un asunto en especial sangrante. Por este motivo, desde hace unas cuantas décadas, los feminismos comenzaron a incorporar los cánones o estereotipos de belleza dentro de los análisis y críticas al sistema patriarcal, para ya en el siglo xxi considerarlo uno de los principales ejes de las violencias machistas contra las mujeres.

En concreto, este tema lo abordó al detalle Naomi Wolf, quien en *El mito de la belleza* plantea que la obsesión por la delgadez (columna vertebral del concepto de «belleza») es una nueva cárcel en la que el patriarcado encierra a las mujeres, un espacio de sometimiento de cara al espacio público (el trabajo, los medios de comunicación...), una vez que hemos logrado emanciparnos en parte del sometimiento del espacio privado (el hogar). La autora habla de las dietas como un campo de exterminio individual, en el que las mujeres nos entregamos a regímenes que poco a poco van acabando con nuestra energía, nuestra fuerza, nos enferman e incluso llegan al límite de matarnos. Según la autora, nada de esto tiene como fin la belleza, sino que su meta es la disciplina y el control de las mujeres, que, dedicadas a la dieta, no se ocupan de sus placeres, de su bienestar ni de luchar por acabar con la opresión machista que las tiene oprimidas: «La mujer hambrienta ha sido políticamente castrada. No tiene la energía necesaria para enojarse ni para organizarse, para buscar el sexo, para gritar por un megáfono [...]. Una fijación cultural por la delgadez femenina no es una obsesión por la belleza de las mujeres, sino una obsesión por su obediencia. La dieta es el más potente de los sedantes políticos de la historia de las mujeres».[45]

45. Naomi Wolf, *El mito de la belleza*, Barcelona, Emecé, 1991.

Pero ¿es lo mismo ser gorda que delgada?

Como exponía antes, la gordofobia afecta a todas las personas gordas con independencia de su género. Un chico gordo sufre gordofobia con todas las limitaciones que ella implica (acoso familiar, médico, falta de oportunidades laborales, *bullying*, etc.). Del mismo modo, la obsesión por la delgadez femenina que impone el patriarcado nos afecta a todas las mujeres, sin excepción, pues la «belleza» es la cualidad mínima de validez exigida a las mujeres en la sociedad machista que nos ve como un envase, nunca como contenido.

Sin embargo, me parece oportuno resaltar que la gordofobia no es solo una cuestión feminista, sino también una opresión independiente del género, la cual tiene sus propias raíces, fundamentos y consecuencias. Uno de los debates más comunes entre parte del movimiento feminista y el activismo gordo gira en torno al asunto de que las dietas se les recomiendan a todas las mujeres y sobre todas recae el peso de la gordofobia. No en pocas ocasiones me he encontrado con chicas delgadas en charlas o talleres argumentándome que la gordofobia no es una cuestión de gente gorda, sino una cuestión feminista, porque la delgadez se nos exige a las mujeres como parte del criterio de «belleza» que se aplica sobre nosotras y que se erige como una de las cuestiones fundamentales en nuestra vida, ya que el patriarcado nos grita «o eres bella o no vales», y esto es parte de la columna vertebral de la violencia machista. Muy de acuerdo con cómo afecta la norma de la delgadez y la imposición de la dieta a todas las mujeres, gordofobia y obsesión por la delgadez son dos caras de la misma moneda; pero, compañeras, ser gorda es otra cosa, y es importante para mí señalarlo.

Que quede claro, ante todo, que, como dijo Laura Contrera: «Si me tengo que pesar, no es mi revolución». No nos imagino a las gordas poniendo una balanza en la puerta de la revolución y pesando a la gente a ver si «dan la talla», justo nosotras que luchamos contra el mismo concepto de «dar la talla». Pero sí que hay una diferencia entre ser gorda o no serlo. Y no digo «estarlo», digo «serlo». Ser gorda es una cuestión identitaria que va más allá del cuerpo que poseas. Conozco gente que ha sido delgada toda su vida y, aunque en un momento dado suba de peso, no se siente gorda. Luego hay gente que ha sido gorda toda su vida y de repente ha bajado de peso por algún motivo, y en su corazoncito sigue viviendo la gorda que siempre fue. Así que gorda será quien lo sienta así. Una vez hecho este matiz, paso a señalar lo siguiente: hay una diferencia entre ser gorda y delgada.

Comprendo que la norma de la delgadez entendida como una cuestión moral, de salud y belleza, ataca a todos los cuerpos, pero, en el fondo, este ataque tiene dos mensajes distintos si eres gorda o si no lo eres. Cuando eres gorda, el mensaje es: «No seas así. Cambia»; cuando eres delgada, el mensaje es: «No seas gorda». O sea, no seas como yo. El estigma que mucha gente teme sufrir y por el que se pasa la vida a dieta ya lo sufre la gente gorda. El culo que no cabe en la silla es el nuestro. El acoso gordófobo en la calle lo padecemos nosotras. El acoso médico, también. Es a nosotras a quienes nos invitan a NO comer (no solo a hacer dieta, repito, a DEJAR DE COMER). Somos nosotras las que nos avergonzamos de ir a encuentros gordos[46] y más de una habrá pasado vergüenza al comprar este libro. ¿Habrá alguna que lo esconda para que nadie vea la portada? Yo lo hice con el primer libro gordo que me compré. Lo leía a escondidas, para que nadie viera lo que estaba leyendo, y evitaba que se viera la gorda de la cubierta. La vergüenza nos acompaña. Y la duda del mundo, también. Y sus ataques. Nosotras somos ya eso que nadie quiere ser. Somos lo que las delgadas temen ver reflejado en su espejo. Ya solo por eso hay una diferencia.

46. Triste, pero del todo cierto. A las charlas y talleres que he impartido sobre gordofobia siempre ha ido más gente delgada que gorda. Incluso, en una ocasión, una gorda comentó que fue sola porque había invitado a tres amigas suyas y le habían dicho que no, que adónde iban cuatro gordas a oír hablar de gordas. Así de contradictorio. Esta norma o dinámica solo la he visto romperse en las pocas ocasiones en las que se han organizado actividades exclusivas para gente gorda.

Con esto no quiero decir que no podamos ser aliadas, ¡faltaría más! La lucha contra la gordofobia es una responsabilidad de todas, pero es necesario dejar el espacio para que las gordas hablemos, expongamos la herida, nos organicemos, saquemos la rabia y tomemos la voz en esta lucha.

Acoso callejero y amoroso

Acorde a mi experiencia, dos de las diferencias más importantes que encontré entre la lucha feminista y el activismo gordo radican en la percepción del cuerpo gordo en el espacio público y en el espacio íntimo. Milité muchos años en colectivos feministas y no paraba de leer y oír sobre cómo a mis compañeras se las trataba como objetos en ambos espacios, queridas solo por su cuerpo, acosadas, piropeadas, y cómo se abusaba de ellas. Las acompañaba, las entendía, pero yo no vivía lo mismo con mi cuerpo. Mientras su acoso callejero giraba en torno a su belleza, el mío giraba en torno a mi gordura, mi fealdad; mientras a ellas les gritaban piropos, a mí, insultos gordófobos; mientras a ellas les recomendaban faldas más largas y menos escote, a mí, dietas; mientras ellas solo conseguían amantes que las adoraran por su cuerpo, yo me acostaba con gente que me decía «me gustas igual» o «te quiero igual», que era un «a-pesar-de» mi cuerpo. Con esto no quiero decir que una forma de violencia sea peor que la otra, no creo en la jerarquía entre las opresiones, pero sí señalo que son diferentes. Y yo necesitaba, y necesito, analizar y denunciar las violencias que yo experimento, las que experimentamos las gordas.

Yo creía, ilusa de mí, que acostarme con alguien que me quería a pesar de mi cuerpo era algo maravilloso, pues esa persona había conseguido admirar mi alma y superar el obstáculo que suponía mi cuerpo gordo, feo y asqueroso en el camino hacia amarme. ¡Qué buena persona, oye! ¡Me quiere aunque tenga esta asquerosidad de cuerpo! Hasta que me di cuenta de la violencia que se escondía detrás de estas dinámicas del «te quiero igual», el acoso y derribo de autoestima que suponen, estando muy relacionadas, además, con otras dinámicas nocivas como lo son aceptar malos tratos o malos amares por inseguridad y miedo al abandono, a que no haya otra persona que nos quiera «a-pesar-de». El camino del amor propio es duro, pero peor es la vorágine en la que acabamos metidas por las inseguridades y merma de fuerza que nos produce la gordofobia, que dificulta la toma de las riendas de nuestra vida para mandar al carajo a quien nos hace daño. Todavía recuerdo un día que le dije a un novio mío que yo sabía que no era su mujer ideal, pero bueno..., a lo que el muy pánfilo me respondió que de cara sí... ¡Dios mío! ¡Cuánto rencor guardo! No por él, sino por mí. Por no haber sido capaz en ese momento de darle un tortazo y marcharme de allí inmediatamente dando un portazo a toda su gordofobia. Pero de todo se aprende. Lo que pasa es que estamos tan acostumbradas a ser discriminadas que ni siquiera sabemos defendernos, a veces ni siquiera me salen las palabras. «Indefensión aprendida», lo llaman. La verdad es que durante un tiempo creí que por gorda ni siquiera tenía derecho a defenderme. Ahora sé que tengo derecho; es más, que es mi deber responder ante la gordofobia. Poco a poco voy entrenándome y pensando respuestas para no callarme nunca más. Que no me pille desprevenida.

Porque no son bromas. No son consejos. No son chistes inocentes. No son frases desafortunadas. No es preocupación por nuestra salud. Es violencia. Son agresiones gordófobas. Y ya lo dice el lema feminista: NINGUNA AGRESIÓN SIN RESPUESTA.

Peso

Tiré la balanza,
rompí en mil pedazos el espejo del complejo,
prendí fuego la dieta de la sopa,
la del pepino,
la de la col,
la de los caramelos ácidos y los refrescos light,
y también la de los batidos del doctor.

Al carajo se fueron las pastillas de carbono
junto con los laxantes,
las infusiones adelgazantes
y la asquerosa comida diet.

Regalé toda la ropa de la yo-flaca que no existe
y diseñé hermosos atuendos para esta gorda que
  calza y viste.

Me prometí no soñar otro cuerpo
y habitar este cuerpo de ensueño,

perder solo el peso de mis cadenas
y amar sin peros la luz
de este trocito de estrella.

El odio... ¡a dieta!

V

Grito n.º 8

¡El amor, y no el odio, debe ser el motor de nuestras decisiones!

Hemos querido arrancarnos la piel.

CARMEN GODINO

No son pocos los que reconocen con naturalidad que consideran la discriminación de las personas gordas como un aliciente de cambio. Ven en el machaque un empuje para que rechacemos nuestro cuerpo, no nos conformemos con lo que somos y tomemos las medidas necesarias para cambiar.

Este pensamiento sería imposible sin el concepto del cuerpo-tránsito; es decir, si no se considerara al cuerpo gordo un cuerpo errado o fallido que necesita modificación, y, a su vez, un cuerpo que en realidad no le pertenece a quien lo habita. Separar cuerpo y «alma» de la persona gorda, por llamarlo de alguna manera, permite que se propague el odio por la gordura como si nadie la encarnara, haciendo todo tipo de comentarios negativos sobre el cuerpo gordo, aun cuando conoces a esa persona gorda de la que estás hablando o la quieres. «No es contigo, es con tu gordura», pueden decir. Pero lo cierto es que SÍ ES CONMIGO. Yo soy ese cuerpo que discriminan, y su incitación a que lo odie es una incitación a que me odie a mí misma.

Una vez tuve una curiosa y disparatada conversación al respecto con un ciberamigo. Yo le discutía su gordofobia y le hablaba de mi derecho al amor y a la autoestima cuando, de repente, me dijo que yo tenía derecho a amarme a mí misma, pero no a amar mi gordura. Me quedé en *shock*. Mi cara de signo de interrogación debió de ser indescriptible. «¡Pero qué cosa más absurda me acabas de soltar!», le dije. No puedo querer y no quererme a la vez; o me quiero o no me quiero. Me impactó tanto su contradicción que hasta le escribí un poema.[47] En el fondo, él estaba planteándome que tenía derecho a querer un cuerpo que no tengo, un cuerpo abstracto, ese que existe en los mundos de los unicornios y los elfos junto a la dieta perfecta y el éxito prometido por las pastillas adelgazantes.

47. Es el que cierra este capítulo.

El camino del odio

El odio es parte intrínseca de cualquier forma de discriminación, pues toda discriminación surge del rechazo, el desprecio y la inferiorización de la diferencia. La gordura es una de esas cualidades que, en las sociedades occidentales, se enmarca dentro de lo que se considera «diferente»; es decir, no «normativo» o «normal», hecho por el cual se inferiorizó mi cuerpo gordo y a mí se me condenó a sentir un inmenso odio por él, un odio tan profundo que a veces tengo la sensación de que es invencible.

¿Cómo olvidar la primera vez que me ordenaron esconder mi barriguita de niña? ¿Cómo borrar los insultos desde los coches, los señalamientos en la calle, el acoso y la vergüenza en el colegio? ¿Cómo eliminar de mi mente todas las veces que los médicos me diagnosticaron «gorda»? ¿Cómo superar la humillación de que numerosas personas que me atraían sexualmente me rechazaran por ser gorda? ¿Cómo ignorar las miradas de asco en la playa? ¿Cómo olvidar aquella mañana que me echaron de una tienda de ropa diciéndome «aquí no hay talla para ti»? ¿Cómo no pensar en las indisimuladas miradas cuando estoy comiendo? ¿Cómo apagar en mi mente todas las voces que me llamaron «gorda» para insultarme? ¿Cómo olvidar todos los chistes de gordas y gordos que he oído en mi vida? ¿Cómo borrar esa sensación de repudio al leer en el periódico las palabras «pandemia», «enfermedad», «epidemia» asociadas a mi cuerpo, que anuncian deseos de exterminio? ¿Cómo olvidar aquella vez que me dijeron que mi cuerpo gordo era la otra cara de la moneda de un mundo que se muere de hambre, que yo era una opulenta culpable de la pobreza en el mundo? Odio, puro odio y nada más que odio. Eso es lo que obtuve siempre. Incluso desde el cariño. Mi abuela solía lamentarse de que yo era demasiado linda para ser gorda; mi madre me dijo una vez que su sueño era verme delgada; un novio, que no me preocupara, que él me pagaba la dietista; mi padre, que hiciera dieta, que no fuera gorda como él. Sé que estas palabras provenían desde rincones afectivos, pero el mensaje, al final, era el mismo: CAMBIA.

El odio se enraizó y desde él tomaba todas las decisiones. Eso es lo que me destinaron a sentir por mi cuerpo. Cada vez que empecé una dieta o intenté practicar algún tipo de deporte, la decisión provenía desde este odio inculcado. Cada vez que intentaba «cuidarme», no era cuidarme en realidad, solo eran ansias por borrar del mapa este cuerpo que me habían enseñado a despreciar. El odio era el motor de todas mis decisiones. Este me separó de mi cuerpo, lo convirtió en algo ajeno a mí, así que lo torturé de mil maneras para lograr el cometido de hacerlo adelgazar, y rabiaba y quería golpearlo (golpearme) y lastimarlo (lastimarme) cuando la balanza anunciaba, una vez más, que no estaba consiguiéndolo.

Probé los ayunos, dejar de comer por temporadas y todo tipo de dietas. Hay dos que recuerdo en especial. Una, porque fue la primera que hice. Tenía once añitos. La hice con mi madre y mi padre. Se llamaba «dieta de la sopa» y básicamente consistía en tomar sopa de apio todos los días, sumándole algunas frutas un día, verduras otro, y así. ¡Qué hambre pasaba! Recuerdo haber aguantado poco más de tres semanas y haber terminado comiendo con una ansiedad impresionante todo lo que se cruzaba en mi camino. Otra fue la «dieta del refresco *light*». La intenté con unos quince años. Aunque suene esperpéntico, la dieta consistía en tomar refrescos *light* durante un mes. Nada más que eso. No duré ni una semana, por supuesto. Y menos mal, porque no quiero ni imaginarme los efectos que podría haber tenido semejante comportamiento atroz en mi cuerpo adolescente.

También acudí a profesionales. Mi primer contacto con una nutricionista fue a los dieciséis años. La recuerdo de manera especial porque fue la única que me preguntó qué me gustaba comer e intentó adaptar la dieta a mis gustos (el resto me obligó a comer cosas que ni siquiera me gustaban, y pretendían que comiera eso toda mi vida, ¿hola?).

Muy motivada con bajar de peso, como siempre en los inicios, obedecí a rajatabla sus recomendaciones, pero las primeras semanas apenas bajé un kilo. Ella dudó de mí, de que estuviera obedeciendo sus órdenes. Esto me hizo sentir muy mal, me frustró y la abandoné. Varios años después llegaron otras, una de las cuales es la *top 1*. La consulté cuando tenía unos veinte años. Me hizo pasar a su despacho. Luz de hospital, muebles de madera oscura, estanterías que iban desde el suelo hasta el techo repletas de libros viejos. Me invitó a tomar asiento y después se sentó ella detrás de un inmenso escritorio que me hacía sentirme diminuta, y desde su butacón de respaldo grande de madera labrada y barnizada, me dijo, vestida con su bata blanca y sus gafas a media nariz: «Magdalena, tienes que empezar por admitir que estás enferma». Casi me caigo de la silla del patatús. Hasta ese momento, NUNCA nadie me había dicho que estaba enferma. Recuerdo haber salido de allí aturdida, con ganas de llorar, pensando que iba a morirme. No estaba gorda, ¡estaba enferma! Me obligó a apuntar en un cuaderno cada cosa que comía y me obsesionó más aún con la comida de lo que yo ya lo estaba. Se introdujo tanto en mi cabeza con sus sermones sobre no comer más de tres cucharadas de hidratos de carbono por comida que a día de hoy, más de diez años después, sigo contando de forma casi instintiva las cucharadas de arroz que me sirvo en el plato. Vivía el control del peso como un control militar, sudaba cada vez que me desnudaba para pesarme, tenía pánico de no haber adelgazado y que me dijera algo. Recuerdo haber vivido esta etapa con miedo. Dejé de ir porque ya no podía pagarle, pero bien podría haberla abandonado por el terror que me infligía.

La última vez que seguí un régimen de adelgazamiento corrió por cuenta propia. Tenía unos veinticuatro años. Bajé 11 kilos y luego recuperé 15. Al principio todo el mundo me felicitaba, me decía lo guapa que estaba, me animaba a seguir. Cuando empecé a recuperar los kilos, la gente guardaba silencio, así que estuve una temporada sin salir mucho ni quedar con nadie, porque sentía vergüenza de mi cuerpo una vez más, de no haber logrado vencer a mi enemigo. Con el tiempo, el asunto fue derivando en agorafobia (ansiedad y miedo a los espacios abiertos).

El camino del amor

El cuerpo gordo, como todos los cuerpos, es complejo y todavía queda mucho camino que recorrer hasta descifrar todos los elementos de su complejidad (siempre que sea deseable descifrarlos, esto es debatible también). Pero, en cualquier caso, lo que sí sabemos es que los motivos por los que alguien adelgaza o engorda son múltiples, y el cuidado de una misma va más allá del peso que marque la balanza. Si a mí me hubieran dejado claro esto desde el principio, me habría ahorrado diez años de decisiones bélicas sobre mi cuerpo y más de veinte de sufrimiento.

Cuidar algo o cuidar de alguien implica la búsqueda de su bienestar. Cuidar requiere afecto, cariño, no odio. El odio es destructivo; aportar cosas buenas no es una de sus cualidades. Desde el odio no voy a tomar buenas decisiones sobre mi cuerpo ni mi vida, ni a construir una buena autoestima. El odio nos introduce en una autoguerra que destruye nuestra salud mental.

Cuando alguien me dice «eres gorda porque no te cuidas», pienso que no tiene ni idea del odio que he profesado por mí misma a lo largo de toda mi vida ni de todo el daño y descuido que esto me ha provocado. Cambiar de rumbo ha sido y sigue siendo difícil, pero estoy convencida de que el camino es el amor. Tal como decía en el Grito n.º 2, no creo que este amor llegue un día y se quede para siempre en mí, pero sí que lo tengo presente como algo en construcción, como el horizonte utópico que plantea Eduardo Galeano, que «nos sirve para caminar». Está presente como meta, nos sirve para tomar buenas decisiones, para «encaminarnos-a».

Y, poco a poco, vamos lográndolo.

En mi caso, una de esas decisiones ha sido dejar de alimentar el odio y la autoguerra que siempre han habitado en mí. Romper con el cuerpo-tránsito, intentar estar en paz conmigo misma, reconectar con mi cuerpo y sus necesidades. Iniciar el camino de la reconciliación con mi cuerpo me ha permitido tomar nuevas buenas decisiones que antes, en guerra, no habría podido tomar ni asumir.

Por ejemplo, me hice vegana y pude cambiar mi alimentación, con algo de esfuerzo pero sin ansiedad, al ser esta una decisión tomada desde el amor y no desde el odio. Por amor a mi cuerpo dejé de fumar.

Vencí poco a poco la vergüenza y el pánico que me producía exponerme a sudar en público, y me di la oportunidad, acompañada por mi madre y amigas comprensivas y respetuosas con mis tiempos y capacidades, de probar con el ejercicio físico. Aprendí que, a diferencia de lo que me enseñaron toda mi vida, el deporte no es una tortura física que debo atravesar para bajar de peso, sino que es una actividad para divertirse. Tras probar unos cuantos, encontré uno que me encanta: el senderismo. No he adelgazado ni un gramo, la verdad, pero me siento bien y feliz. El monte me renueva.

Por amor logré raparme la cabeza a los treinta años, cosa que había deseado desde adolescente y nunca me había atrevido a hacer porque creía que ese peinado era solo para chicas guapas y flacas, así que estaba esperando a serlo algún día. Esto lo hacemos mucho las gordas: posponer nuestros deseos y dejar de hacer cosas que nos apetece hacer esperando a tener el cuerpo «correcto». ¡Pero el cuerpo correcto es ahora!

Por amor a mi cuerpo, poco a poco, fui atreviéndome a ponerle freno a la gordofobia que había en mi entorno, que aunque proviniera de rincones afectivos me hería igual. Después de toda una vida de silencios, hablé de mi experiencia gorda con mi familia, de todo lo que había sufrido, del dolor que me producían determinados comentarios y de lo importante que era para mí que hiciéramos ciertos cambios que propiciaran un entorno no gordófobo, es decir, un entorno sano para con mi cuerpo. Por suerte, obtuve amor, comprensión y predisposición del otro lado.

La reconciliación implicó volver a comer en público, no sentir vergüenza de lo que como, permitir que me vean desnuda y me toquen la barriga, no esconder la papada, amar mis cachetes, ver en mis estrías ribetes de luz reflejados en el agua de una piscina, ¡sentirme una tigresa!

Por amor me visto como me da la gana y esto me llena de una paz indescriptible. Por fin voy a la playa sin miedo, en biquini, hago topless y me revuelvo en la orilla como si fuera una ballena varada, sin que me importe un carajo quién está mirando. Solo importa mi piel disfrutando de la arena, del sol y del mar. Mi suave y hermosa piel ensalitrada. En el camino del amor de mis sueños, el sol calienta. Se oye el cantar de pájaros en el fondo del silencio. Hay árboles frondosos, frutales, mariposas, flores de colores y deliciosos manjares para todas. Por la noche, hacemos fogatas con las dietas, bailamos cumbia alrededor del fuego, celebramos el cuerpo y conjuramos con la luna que al odio y a la guerra no volvemos nunca más.

Apología

No me pidas que me ame y me odie a la vez,
que tenga la autoestima alta, pero rechace mi cuerpo.

No puedo amar un cuerpo abstracto.
No puedo amar un cuerpo que no tengo.
Yo soy este cuerpo que siente y vive hoy.
No puedo sino amarme gorda.

No es apología de la obesidad,
es apología del amor corporal,
de cesar la guerra contra mí misma,
de mi derecho a reconciliarme
con quien siempre me dijeron que era un enemigo.

Es encontrar la paz.

Es amar este cuerpo
que engorda,
adelgaza,

enferma,
sana,
baila,
envejece
y temblará de placer hasta morir.

No es apología de la obesidad.

Es apología de mí.

Grito n.º 9

¡Alianza gorda!

> Ternura radical es abrazar la fragilidad, es
> creer en el efecto político de los movi-
> mientos internos, es encontrar una gala-
> xia en los ojos del otrx y no dejar de mirar,
> es leer el cuerpo del otrx como un pa-
> limpsesto.
>
> DANI D'EMILIA Y DANIEL B. CHÁVEZ

El desprecio de otros me ha hecho despreciarme. La negación constante de mi existencia habita aún mis poros, recorre mi piel. No se pueden borrar así como así tantos años de dolor y violencia, pero lo que sí puedo hacer es compartirlos con compas, sacarlo todo *pa'fuera*.

Activismo gordo

Stop Gordofobia nació en las Islas Canarias en el año 2013 de la necesidad de dos personas gordas de encontrar a más gente gorda con la que hablar de su cuerpo y reflexionar sobre la gordura. Antes, en conversaciones ocasionales, las dos habíamos perfilado juntas las características de nuestra herida, es decir, habíamos encontrado en nuestros relatos personales ciertas experiencias comunes en torno a la gordura que nos producían dolor: presión familiar, amantes que nos escondían de sus amigos, acoso escolar y callejero, humillación en la consulta médica... Dadas las circunstancias, fue inevitable preguntarse: ¿esto le sucederá a más gente? ¿Sufrirán estas mismas discriminaciones todas las personas gordas del mundo?

Con el fin de encontrar estas y otras respuestas creamos la página de Facebook Stop Gordofobia. En las primeras veinticuatro horas ya teníamos los primeros cien «me gusta». A la semana éramos más de mil. El número de seguidoras continuó subiendo como la espuma, acumulando decenas de miles ya en sus primeros dos años. Esto solo puede explicarse, a mi modo de ver, desde algo tan simple como la imperiosa necesidad de hablar y compartir las experiencias gordas. Stop Gordofobia se convirtió en un espacio de reflexión colectiva donde no solo se publican a diario denuncias de gordofobia callejera, familiar, laboral, escolar y mediática, artículos periodísticos y contenido artístico antigordofóbico, sino también, y más importante, historias de vida contadas en primera persona que dan cuenta de la opresión gordófoba. La consigna fue desde el principio poner la piel, denunciar desde la carne y acompañarnos colectiva y virtualmente en esta visibilización pública de la herida. Las gordas llevábamos demasiado silencio a cuestas, pero nuestra voz por fin emprendía el camino de la liberación en un contexto cibernético que lo posibilitaba.

En este sentido, cabe destacar que Stop Gordofobia no era la primera ni única iniciativa contra la gordofobia.[48] Desde la misma época, en Abya Yala (Latinoamérica) se escuchan fuerte las voces de Nico Cuello y Laura Contrera (Gorda!Zine), Constanza Álvarez (La Cerda Punk), Lucrecia Masson (Masa Crónica) y Orgullo Gordo, mientras que en Madrid se formó el colectivo Cuerpos Empoderados, y en el País Vasco, las Ramonak. Más tarde conocí a las Gordas Sin Chaqueta (Colombia), Seño-

48. Me sitúo en el mundo de habla hispana, donde no hubo activismo gordo hasta 2012/2013, años en que comenzaron su actividad Gorda!Zine, Orgullo Gordo y Stop Gordofobia. En el mundo de habla inglesa el activismo gordo comienza su andanza en los años setenta, en Estados Unidos. Para más información: Charlotte Cooper, «Fat is a feminist issue, but whose feminism?», *The Scavenger*, 12 de noviembre de 2010.

rita Bimbo (Argentina), Liz Misterio (*Hysteria Revista*), la Bala Rodríguez (México), Zerdagoza (Zaragoza), Arte Mapache (Barcelona), La Chica Imperdible (Valencia), Anarkogordes (Valencia), la rapera Grieta (Barcelona), se armó el taller «Hacer la vista gorda» en Argentina, se hicieron las Jornadas Gordimalas en Madrid, los Vermuts Gordos en Barcelona y se formó el Komando Gordix en Barcelona también. La lista es larga entre ilustradoras, *bloggers*, poetas, *performers*, *youtubers*, *instagrammers*, autoras de fanzines, cantantes, bailarinas, fotógrafas, directoras de cortometrajes. La verdad es que la proliferación de contenido teórico-artístico-activista contra la gordofobia ha sido, y sigue siendo, maravillosa. Con el tiempo ha ido formándose lo que hoy ya se conoce como *activismo gordo*: una amplia gama de individualidades y colectivos cuyo fin es luchar contra la gordofobia, cada cual desde su punto geográfico, a su modo y con sus propias herramientas.

Si tuviera que nombrar nuestras líneas de trabajo, en términos generales diría que nos movemos entre la apropiación del insulto gordo/gorda/gorde, la politización de la gordura, la señalización de los factores socioculturales y económicos de la gordofobia, la denuncia de las instituciones, colectividades e individualidades que la ejercen, la visibilización y representación de nuestro cuerpo en medios de comunicación y productos culturales, y la cura colectiva de la herida, es decir, el acompañamiento y el amor entre nosotras para sobrevivir a un mundo que nos odia. En mi mente, el activismo gordo aparece como un torrente imparable de agua que escapa por una grieta que ha logrado hacer en el muro del estanque que intentaba sostener lo insostenible.

Como decía en el Grito n.º 5, hacernos dueñas de nuestra propia experiencia y tomar la voz para relatarla es uno de los factores de lucha del grupo oprimido contra su opresión. Y el primer paso para construir nuestro relato era encontrarnos, hablarnos, compartirnos, mirarnos a la cara, reconocernos. Porque lo cierto es que no todos los grupos oprimidos ni todas las personas oprimidas saben que lo están. Y esto sucedió, y sucede, dentro de la colectividad gorda: hasta hace poco tiempo, no teníamos ni idea de que formábamos un grupo oprimido.[49] Con esto no quiero decir que no haya conciencia del sufrimiento, ¡faltaría más! Las gordas sabemos, a nivel de la experiencia individual, el infierno que atravesamos en la sociedad gordófoba, pero no habíamos enlazado lo individual y lo colectivo hasta que nos encontramos y nos dimos cuenta de que todas teníamos experiencias parecidas, de que la culpa de nuestro

49. De nuevo me sitúo en el mundo de habla hispana.

sufrimiento se situaba fuera de nosotras y no dentro. Así logramos politizar la discriminación de las personas gordas y denunciarla como un hecho estructural, de carácter sistémico, que antes, pcr no tener, no tenía ni nombre.

Entre el anónimo dolor individual y la visión global de la opresión sufrida, ya con nombre propio, GORDOFOBIA, existe un largo trecho que hemos ido recorriendo poco a poco de forma colectiva, sobre todo a través de internet, aunque también de colectivos y encuentros *offline*. Cada gorda/gordo/gorde creía que era responsable de lo que le sucedía, que su experiencia era única y que lo suyo no le ocurría a nadie más. Al conectarnos y hablar descubrimos que la mayoría de las experiencias eran comunes a todos/todas/todes. La gordofobia nos tenía sufriendo a cada uno en nuestra isla, mientras que el activismo gordo ha ido construyendo puentes que nos conectan. Vamos encontrando experiencias parecidas, señalando las características de la gordofobia cada vez con más precisión y alcance, interseccionando[50] con otras opresiones, buscando

50. «Interseccionalidad» es un concepto creado por la abogada e investigadora afroestadounidense Kimberlé Williams Crenshaw, que hace referencia a las formas en que un mismo sujeto puede sufrir distintas opresiones o sustentar opresiones y privilegios a la vez. Por ejemplo, no es lo mismo ser gorda blanca que gorda racializada, ni gorda heterosexual que gorda lesbiana. Williamns Crenshaw desarrolló esta teoría para incorporar el eje de la raza/racialización como eje principal para tener en cuenta a la hora de analizar y denunciar las opresiones que sufre una persona.

explicaciones y caminos para resistir. Estamos construyendo nuestro relato. En cada libro que se publica, en cada ilustración, en las fotografías, en las conversaciones de Facebook, Twitter e Instagram, en la conversación tomando café o mate con la amiga gorda. En todas partes, vamos tejiendo resistencias.

Tejiendo redes para sobrevivir

Desde mi punto de vista, la alianza gorda consiste en criticar el mundo que nos odia y luchar contra él, pero también en construir amor y afectos entre nosotras a modo de resistencia. Es cuidarnos entre nosotres para sobrevivir, ayudarnos a levantarnos cuando nos caigamos, darnos la mano para seguir en el camino.

Yo podría decir que el activismo gordo me salvó. Desde la primera conversación en la que me sentí por fin comprendida, pasando por los talleres impartidos y recibidos, hasta mi primer amor gordo. El activismo gordo abrió un mundo de nuevos caminos ante mis ojos. Mi cuerpo dejó de ser un límite, un espacio que me constreñía, casi una cárcel, para ser un campo de batalla y de oportunidades. Ocupar espacio. Hacerse ver. Tomar el escenario de mi vida. Disfrutar de la comida sin culpa. Usar mi potencia corporal para luchar, cantar y para el placer sexual. Reconciliarme con el deporte, con jugar, con pasear. Llegué incluso a hacer teatro, y por una vez, sentí que mi cuerpo podía ser una obra de arte.

¡Qué carajo! ¡Somos obras de arte!

Lo constaté justo con el *Kabaret Gordo*, una experiencia teatral que fue revolucionaria en mi interior. La obra surgió de un colectivo gordo que montamos unas cuantas gordas en Barcelona, en el año 2016, llamado Komando Gordix. Habíamos empezado a juntarnos para comer y charlar sobre nuestro cuerpo en los Vermut Gordos, pero todo derivó en un Kabaret. Terminamos nueve gordas subidas a un escenario (bueno, a muchos) hora y media para evidenciarle al público, entre plumas, medias de rejilla y purpurina, toda la gordofobia que albergan en la mente y en el corazón. Bailamos, lloramos, gritamos, nos sentimos sexis. Cada Kabaret fue una catarsis colectiva en la que incluso terminábamos todas desnudas en el escenario. Esta catarsis habría sido imposible sin el proceso colectivo de meses, de mimarnos, querernos y apoyarnos entre todas. Yo misma nunca pensé que pudiera terminar desnuda en un escenario. Y así fue. Pura magia gorda. Y es que surge algo especial cuando se encuentran personas gordas, se acompañan, se quieren, se organizan, se abrazan. El Komando Gordix lo llamó «gordoridad». Como la sororidad feminista, pero entre gordas.

Lo colectivo cambia lo individual, y lo individual, lo colectivo. Son dos fuerzas que van intercambiándose y complementándose para cambiar el mundo. Como exponía en el Grito n.º 2, sé que no voy a conquistar la autoestima y el amor propio mirándome al espejo y repitiéndome hasta el infinito que me quiero. No puedo huir al cien por cien de esta sociedad gordófoba y su desprecio; tarde o temprano me alcanzan sus zarpas. A veces paso de ella. Me duele a ratos. Otras siento que me mata. Así que, mientras llega (y construimos) esa sociedad donde la gordofobia solo será un mal recuerdo, busco alianzas gordas con las que renacer una y otra vez. Busco amigas gordas con las que pueda intercambiar ropa y frustraciones; amigas que me abracen el alma gorda cuando lloro por la gordofobia; compañeras de lucha de panza a panza, de estría a estría, esas con las que puedo cocinar y comer sin paranoia, y también hablar de nuestros platos favoritos; amigas a las que acompaño al médico y me acompañan a bailar, esas con las que no me da miedo sentarme en una silla y romperla o que ni siquiera me quepa el culo en ella; amigas con las que pueda reírme de que no me quepa el culo y, a la vez, organizarme para luchar por un mundo en el que quepan nuestros culos. Creo que de esto va la alianza gorda: de amor gordo y de organización gorda. Nada más. Nada menos. ¡Arma(te) un colectivo! ¡Tejamos red! ¡Juntémonos a soñar un mundo mejor! ¡Amémonos las unas a las otras! ¡Construyamos espacios de existencia y resistencia!

Solas, a ninguna parte. Juntas hasta la utopía.

Ternura

Ternura gorda radical.
Eres tú,
tu abrazo,
tu mano gorda agarrando la mía,
panza con panza,
las dos
lamiéndonos las heridas.

Grito n.º 10

¡Tenemos derecho a existir y ser felices!

La Iglesia dice: el cuerpo es una culpa.
La ciencia dice: el cuerpo es una máquina.
La publicidad dice: el cuerpo es un negocio.
El cuerpo dice: yo soy una fiesta.

EDUARDO GALEANO

En mi cuerpo gordo se escurrieron todas las demás opresiones. Mi problema nunca fue no ser bonita, porque nunca existió la posibilidad de serlo. Soy gorda y las gordas no tenemos derecho a la belleza en la sociedad gordofóbica. Mi problema nunca fue ser o no ser heterosexual, porque las gordas no les gustamos a los hombres en la sociedad gordofóbica, y si no somos bellas ni les gustamos a los hombres, importamos poco como mujeres en la sociedad patriarcal. Yo asumí mi gordura como algo que me eliminaba posibilidades de «ser» en mi vida. Mi cuerpo, según la sociedad gordófoba, no tiene límites, y, sin embargo, yo lo viví siempre como un límite total y absoluto. Nos castigan por ocupar mucho espacio, nos quieren prohibir habitar felices nuestras desmesuradas carnes, nos censuran la existencia. No sé si les ha pasado a todas las gordas, pero yo hay momentos en los que me he sentido por completo invisible. ¿Cómo puede alguien tan grande sentirse invisible? La «hipervisibilidad invisible», la llamé.

Tan invisible que yo misma elegía mi invisibilidad. Cuando empecé a administrar Stop Gordofobia, me pasé mucho tiempo sin decirle a nadie de mi entorno que estaba haciéndolo, escondí que yo era una de las fundadoras de esta plataforma. La vergüenza me invadía, me aterraba la idea de ser una gorda que no solo es gorda, sino que además se atreve a sentirse orgullosa de ser quien es y quiere tener la fuerza y el empoderamiento necesarios para exigir que dejen de discriminarla... ¡Uau! ¡Era demasiado fuerte para mí! Algo así como un doble armario. Armario 1: «Hola. Soy gorda». Armario 2: «Te aviso de que además no pienso cambiar y voy a luchar para que dejes de insultarme». ¡Cuánta vergüenza sentía! ¡Tan solo por querer defenderme y existir!

Estaba llena de vergüenza. No quería que mis amigos y amigas supieran nada de mis pequeños pasitos en el activismo gordo. Lo hacía todo en secreto. Me sentía una camella del amor propio. «¡Vaya chorrada!», pienso ahora. Recuerdo que también me costó compartir la canción *Gorda*, de las Krudas Cubensi, en mis redes sociales, justo por el mismo motivo. Me imaginaba a la gente de mi entorno alucinando con mi *post* y riéndose de mí. Entonces, aún no me había deshecho de la parte de la gordofobia interiorizada que no dejaba de repetirme que la condición básica de toda gorda es pasarse la vida soñando con ser otra, que si cumples con ello y sueñas con ser otra, al final la sociedad te aceptará al menos un poquito ¿Quedarte así, gorda como eres? ¡Imposible! Como gorda estás obligada a lamentar tu existencia, a odiarla. Debes ser una gorda infeliz que sueña ser una flaca feliz. Ya que no eres flaca por fuera, al menos debes soñarlo y serlo por dentro. Amar al amo. Darle la razón al opresor que dice «tu existencia no vale».

Encontramos la negación de la existencia gorda en el deseo gordófobo de la desaparición del cuerpo gordo a través del régimen hipocalórico (también conocido como «dieta»). En la inferiorización de la experiencia gorda y en ese hablar de nosotras como si solo fuéramos un número (el de la balanza, el de las cifras de obesidad o los de la analítica). En la conceptualización de nuestro cuerpo como algo fallido o erróneo que debe corregirse (y que guarda dentro un cuerpo flaco deseoso de salir a la luz). En su invisibilización en los medios de comunicación. En su utilización como insulto y depósito de odio y vergüenza. Pero, sobre todas las cosas, la negación de la existencia gorda se encuentra en la separación cuerpo-alma que hace la sociedad gordófoba para posibilitar todos estos pensamientos duales sobre una única materia: mi cuerpo.[51]

¡Te mintieron! ¡Ser feliz es al revés![52]

Yo soy esto, esta carne, esta experiencia única. Yo soy este cuerpo que parió mi madre, que aprendió a andar en bicicleta a los cinco años, a leer con seis, horneó su primer pastel con once y escribe poesía desde los catorce. Este cuerpo que baila, que canta, que come, que practica sexo, que duerme, que abraza con cada uno de sus kilos. Yo soy

51. El pensamiento dualista es la base de todo el pensamiento occidental nacido en la Edad Moderna y heredero del pensamiento griego clásico. Se repite en otras parejas de conceptos como cuerpo-alma, cuerpo-mente, cuerpo-razón, pasión-razón, sujeto-objeto, los cuales han estado siempre jerarquizados y situado el segundo por encima del primero. Muchas pensadoras feministas consideran que esta estructura de pensamiento dual se repite con hombre-mujer, blanco-negro, heterosexual-homosexual, situando por debajo al considerado «otro» o «diferente», y excluyéndolo. Creo que, en el caso de las gordas, el pensamiento dual nos violenta al dividirnos en dos para decirnos que nuestro cuerpo no tiene derecho a existir.
52. Canción *Excepto a veces*, de Tabaré Rivero.

este cuerpo de 110 kilos. No tengo otro. Mi vida es esta. No tengo otra.

Lo divino: piel que cubre, amolda, decae, arruga, quema y se reconstruye como una espiral de Fibonacci alrededor de nuestros frágiles y fuertes huesos, hechos del mismo material que las estrellas, todo combinado para crear este fenómeno que viene a la vida por un período corto de tiempo... eso que llamamos cuerpos. [...] Estos templos de sabiduría, fuerza, tristeza, fracaso, triunfo, florecimiento... ¿qué pueden ser sino hermosos?[53]

Cada vida es única; cada cuerpo, único, complejo, mágico, digno de amor. Con sus dolores, esperanzas y tristezas. Con sus éxitos, fracasos y ausencias. Con sus ojos llenos de atardeceres, sus pies cansados, deseos saciados, recuerdos doblados y sueños a estrenar. Con su piel que deja y tiene rastro, sus cicatrices de afecto, de placer y de batallar. Con los minutos marchitándose en lo efímero para volar como las pequeñas partecitas de una ya seca flor diente de león. Yo soy mi cuerpo, mi cuerpo soy yo. Tú eres tu cuerpo, tu cuerpo eres tú. Y no debemos permitir que nadie más nos robe la vida ni el tiempo ni el amor ¡No tienen derecho!

53. Traducción libre del inglés de Jade Beall Photography, *post* de Facebook del 24 de junio del 2016, consultado en enero de 2019.

No hemos nacido para que nos opriman y nos hagan sufrir, compañera. Hemos nacido para ser libres y felices. Así que nos vemos en el camino, porque, parafraseando a Benedetti, con tu puedo y con mi quiero, ¡vamos juntas a por ello!

Resistencia

La hija gorda.
La hermana fea.
La amiga siempre.
La amante nunca.

A veces temo que estas imágenes mías y no otras
sean las únicas que yo vea en mi ocaso,
en el último repaso de mi acontecer.

Tengo miedo de ver en mí
—antes de cerrar los ojos para siempre—
a un ser inacabado,
a alguien que nunca se sintió plena,
completa, libre, feliz.

Porque parece que a eso
—al cuerpo-tránsito,
al asco inmediato,
al odio científicamente argumentado—
estamos condenadas las gordas.

Por chanchas, por cerdas, por vacas, por focas,
por glotonas, por pecadoras,
por excesivas, por excedidas, por repulsivas
por negarnos a dejarnos hacer,
por querer ser...

Pero ¿saben qué?

Soy más que un número en la lista de obesas del
    mundo.
Las obesas del mundo somos más que un
    número en la lista de gente con la que acabar
    a golpe de metralleta dietética.
Somos más que calorías ingeridas y calorías
    quemadas.
Somos más que el reflejo del espejo y la
    fotografía photoshopeada:
somos los ojos que las miran.

Y yo no quiero llegar a mi final abrazada al
    deseo de haber sido otra,
pensando que lo respirado no valió la pena,
que no aproveché mi fugaz estancia en este
    sinsentido que es la vida,
que incluso mejor podría no haber ni existido.

Me niego rotundamente.
Me niego rotondamente.
Me niego redondamente.

Me niego desde lo alto y ancho de mi cuerpo,
desde mis amplias carnes, mis pulpas, mi blando
   tacto,
me niego desde toda mi piel:
me niego a irme llena de tu odio y tu desprecio,
y no rebosante de mi amor y mi alegría,

así que

opondré resistencia.

La única curva que no aceptaré en mí es la que
   se dibuja en mi cuello cuando miro
   avergonzada hacia el suelo.

Opondré resistencia.

Porque me niego a irme de cabeza gacha y no
   erguida.

Opondré resistencia.

Porque puede que al final no venza,
pero no viviré vencida.

Opondré resistencia.

Agradecimientos

A Carmen Godino, Ana León, Adnaloi Vila y Andrea Pardo, por la resistencia cotidiana compartida en Stop Gordofobia y por permitirme abandonarlos un tiempo para escribir este texto.

A mi madre, mi padre y a toda mi familia, por su apoyo incondicional en cada proyecto que emprendo.

A Gabba Parada, Laura Fernández, Nata(n) Rodríguez Di Tomaso, María Salvia, las Ansigordis (Itsas y Lari), Miguel Abreu, Ariadna Maestre y Keila Sanabria, por su amor, sus aportaciones y acompañamiento en el proceso creativo (o sea, por aguantarme).

A Cecilia Costa, por las reflexiones compartidas sobre series y películas para las Jornadas Gordimalas, muchas de las cuales quedan recogidas aquí.

A Lucrecia Masson, por sus consejos eticopolíticos sobre el texto (¡viva la mensajería instantánea que nos une con un océano por medio!).

Y a Evangelina Piñeyro, mi filóloga hermana, por la corrección de los poemas y su ojo crítico incisivo sin el cual este texto no sería lo que es.

Gracias.